幼儿园课程资源
开发与利用 丛书

丛书主编　钱月琴

摇啊摇，摇到外婆桥

主　编　钱明娟　吴海燕　黄文洁
编　委　沈建兰　徐璇　徐亚　沈金　钮小建　倪佳雯

苏州大学出版社

图书在版编目（CIP）数据

摇啊摇,摇到外婆桥／钱明娟,吴海燕,黄文洁主编. -- 苏州：苏州大学出版社,2023.7（2023.9重印）
（幼儿园课程资源开发与利用丛书／钱月琴主编）
ISBN 978-7-5672-4420-7

Ⅰ.①摇… Ⅱ.①钱… ②吴… ③黄… Ⅲ.①儿歌-教学研究-学前教育 Ⅳ.①G613.2

中国国家版本馆 CIP 数据核字（2023）第 104253 号

书　　名：摇啊摇,摇到外婆桥
　　　　　YAO A YAO, YAODAO WAIPO QIAO
主　　编：钱明娟　吴海燕　黄文洁
责任编辑：万才兰
策　　划：谢金海
出版发行：苏州大学出版社（Soochow University Press）
社　　址：苏州市十梓街 1 号　邮编：215006
印　　刷：苏州市古得堡数码印刷有限公司
邮购热线：0512-67480030
销售热线：0512-67481020
开　　本：889 mm×1 194 mm　1/20　印张：6.2　字数：118 千
版　　次：2023 年 7 月第 1 版
印　　次：2023 年 9 月第 2 次印刷
书　　号：ISBN 978-7-5672-4420-7
定　　价：58.00 元

若有印装错误,本社负责调换　苏州大学出版社营销部　电话：0512-67481020
苏州大学出版社网址　http://www.sudapress.com
苏州大学出版社邮箱　sdcbs@suda.edu.cn

"幼儿园课程资源开发与利用丛书"
编委会

顾　问　张春霞

主　任　季小峰

副主任　周　萍　顾忆红

编　委（按姓氏笔画排序）

　　　　王亚红　王惠芬　吕淑萍　朱　静　孙文侃
　　　　吴小勤　沈　红　沈方勤　沈艳凤　张　琼
　　　　张利妹　陈小平　陈秋英　胡　娟　莫美华
　　　　钱明娟　徐　桢　徐国芬

序

　　吴江区高度重视学前教育的发展。长期以来，吴江区学前教育工作者注重抓内涵、提质量，在幼儿园课程建设方面做了很多扎实有效的工作。

　　江苏省实施课程游戏化项目以来，吴江区学前教育工作者努力进行课程游戏化的区域推进，为课程游戏化提供了示范，吴江区涌现出了许多高质量课程建设的典型。尤其是在资源深度挖掘和利用方面，很多幼儿园强化课程意识和资源意识，增强目标意识和效率意识，深入挖掘和利用本地课程资源，努力将资源优势转化为经验优势，形成了课程资源开发和利用的吴江经验。

　　吴江是一个具有深厚文化历史底蕴的地方，名人、遗迹、名胜不胜枚举，具有鲜明江南特色的古镇和村落，丰厚肥沃的土地，孕育了万千生命和厚重的文化。对于如何挖掘和利用吴江的自然与文化资源，吴江的老师们进行了积极的探索和创新。他们从幼儿身心发展规律出发，深入分析本地各类资源对儿童发展的价值，形成了一系列资源开发和利用的途径与策略，让幼儿在多样化的活动中感受文化、体验文化、表达文化、理解文化和创新文化。丰富的幼儿园课程内容，充实了儿童的生活，增进了儿童的体验和情感，增强了儿童的操作和表现能力。

　　这套丛书是吴江区各幼儿园从不同的资源出发，深入研究儿童的需要和兴趣，系统开展多种形式的活动，充分利用儿童的多种感官，有效促进儿童对文化的了解、理解和表达，不断丰富和充实儿童经验的实践成果。相信这套丛书一定能给幼儿园课程建设提供有益的经验和启示，一定能为学前教育质量的提升做出贡献。

南京师范大学教育科学学院教授、博士生导师

2023 年 5 月

前　言

莼鲈之香正十年

　　秋风斜阳鲈正肥，扁舟系岸不忍去。

　　吴江位于苏浙沪两省一市的地理交界处，是"鱼米之乡""丝绸之府"，有古镇、蚕桑、运河……历史悠久，资源丰富。

　　十余年来，吴江学前教育坚持以"贯彻落实《3—6岁儿童学习与发展指南》精神，开展幼儿园生活化游戏化课程建设"为抓手，区域性全面推进、全类覆盖、全员参与课程游戏化项目区实践。"区域推进不是要求区域统一，本质是让幼儿园各尽其能，充分调动每一位教师的专业才智，充分利用一切空间和资源，最大限度地发挥对儿童发展的支持和促进作用，从而提升教育质量。"（虞永平）十余年间，吴江幼教人通过改造环境、优化课程、专家引领、提升师资、追随儿童、科学评价等策略，营造了良好的学前教育生态，从"幼有所育"走向"幼有优育"。

　　吴江区各幼儿园从资源入手积极探索"资源—活动—经验"的实践路径，通过梳理、分析本园资源，建构课程资源地图，制作课程资源清单，开展多样化教育活动，尝试建设适合本园的课程，积累了大量的一手资料，于是就有了这套"幼儿园课程资源开发与利用丛书"。

　　本套丛书不仅是吴江区各幼儿园在课程建设中开发利用本园周围的资源，开拓儿童课程源泉，促进儿童全面发展的生动实例，还是凝聚着全区"学前教育发展共同体"踔厉奋发、笃行不息的成长足迹和探究精神的宝贵财富。在这套丛书里，你可能会看到因为年轻而存在的稚气，但更会看到

因为年轻而勃发的对教育的追求和活力。

本套丛书有以下三个特点：一是实践性，每类资源的开发和活动的组织都是幼儿园实践过的；二是操作性，幼儿园提供了某资源开发和利用的理念、路径、方法和具体的活动，可以为同行提供范例和借鉴；三是普适性，这套丛书涉及的资源都是日常生活中普遍存在的、与幼儿生活密切相关的。本套丛书共有十三个分册，每个分册都是从资源介绍、开发理念、资源清单、基本路径、活动列举、课程计划、方案设计、活动叙事八个方面来编写的。虽然这些都是一线教师的实践积累，但在理念上可能尚有偏颇，在实践中可能存在需要改进的地方，不足之处敬请专家和同行提出宝贵意见，以便让这套书不断完善。

十年磨一剑，蓄势再扬帆。在未来十年，乃至更长一段时间，吴江区学前教育会继续与时俱进，勇立潮头，办出更多老百姓家门口的高质量幼儿园。

丛书编委会

2023 年 5 月

目 录

资源介绍 / 1

开发理念 / 2

资源清单 / 4

基本路径 / 6

活动列举 / 7

课程计划
　学期课程计划 / 13
　主题活动计划 / 19

方案设计
　主题活动方案 / 21
　　拍大麦（大班）/ 21
　　　一、集体活动　拍大麦 / 21
　　　二、参观活动　参观麦田 / 26
　　　三、收集活动　麦穗麦秆 / 28
　　　四、集体活动　麦子什么样 / 29
　　　五、集体活动　麦子的奇妙之旅 / 31
　　　六、劳动活动　种麦子 / 33
　　　七、集体活动　一箩麦子有多重 / 35
　　　八、收集活动　磨面工具 / 37

　　九、劳动活动　一起做馒头　/ 38
　　十、集体活动　游戏设计师　/ 40
　　十一、集体活动　有趣的麦秆　/ 41
　　十二、区域活动　麦秆吹画、添画　/ 43
　　十三、调查活动　面粉制品　/ 44
　　十四、收集活动　好吃的面食　/ 45
　　十五、集体活动　面食品尝会　/ 47
　　十六、区域活动　泡大麦茶　/ 49
　　十七、集体活动　光盘行动　/ 50
　　十八、集体活动　新编《拍大麦》　/ 52
　　十九、生活环节渗透　珍惜粮食　/ 54

系列活动方案　/ 56

小人儿撑凉伞（中班）/ 56

　　一、集体活动　小人儿撑凉伞　/ 56
　　二、集体活动　参观灶王爷　/ 58
　　三、参观活动　参观灶家浜　/ 60
　　四、调查活动　小人儿撑凉伞　/ 61
　　五、调查活动　灶头知多少　/ 63
　　六、收集活动　灶火童谣　/ 64
　　七、收集活动　烧火工具　/ 66
　　八、劳动活动　烧火　/ 67

小鸡小鸭（小班）/ 69

　　一、集体活动　小鸡小鸭　/ 69
　　二、集体活动　设计新家　/ 71
　　三、集体活动　喝搬家酒　/ 73
　　四、区域活动　我给小鸡、小鸭搭新家　/ 75
　　五、参观活动　参观农场　/ 77
　　六、调查活动　小鸡、小鸭吃什么　/ 78
　　七、收集活动　造房子的材料　/ 80
　　八、劳动活动　造房子　/ 82

单个活动方案　/ 83

　　一、集体活动　卖糖粥（小班）　/ 83
　　二、集体活动　起个五更头（中班）　/ 86
　　三、集体活动　蚊子叮（大班）　/ 88

活动叙事

亲爱的小麦苗（中班）　/ 91
你好呀，叽叽嘎嘎（小班）　/ 101

后　记　　/ 113

资源介绍

童谣是为儿童作的短诗，强调格律和韵脚，通常以口头形式流传，是中国古代文化宝库中一颗璀璨的明珠，在中国传统文化中居于非常重要的地位。童谣语言浅显、哲理性强，具有较强的感染力，蕴含着丰富的教育内容，是可挖掘、可借鉴的宝贵教育资源。童谣历史悠久，最早始于《诗经·魏风·园有桃》——"心之忧矣，我歌且谣"，经过历史变迁，形成了一个较为庞杂的系统，精芜并存。

从幼儿园的教育实际来看，童谣与幼儿游戏活动结合起来，能加强游戏活动的愉悦性，有利于促进幼儿的认知、情感和社会性的发展。苏州市吴江区桃源幼儿园从2015年开始对本土童谣资源进行开发和利用，将童谣视为一种幼儿教育资源，将其与幼儿游戏活动融为一体，使童谣教学作为一个独特领域，成为幼儿教育研究的重要内容之一。桃源幼儿园的教师寻找幼儿喜欢的童谣，尝试将童谣引入校园，收集与整理出了五大类童谣：生活类童谣、游戏类童谣、动物类童谣、植物类童谣、习惯类童谣。这些童谣有独特的韵律和韵味，浑然天成、朗朗上口，内容丰富有趣、浅显易懂，贴近幼儿的实际生活。与此同时，教师将童谣与游戏相融合，让幼儿在玩中学、在学中玩，在轻松氛围中感知童谣的文化魅力；注重因材施教，选取内容和形式不同的童谣，使幼儿能够有效生动地进行记忆和运用；创设文化情境，潜移默化地熏陶幼儿，引发其思考，让其在日常生活中进行体验、感知、运用。

童谣资源的利用，一方面充分调动了幼儿学习童谣的兴趣和热情，让幼儿在童谣传唱过程中感受其带来的乐趣，提升语言能力、逻辑思维能力，养成良好的行为习惯，萌发热爱家乡的情感，塑造美好心灵；另一方面让教师学会了正视儿童的语言、打破儿童的"围墙"、着眼于儿童的幸福，从而使儿童释放自我，在童谣的浸润中获得美好体验。

幼儿园课程资源
开发与利用丛书

开发理念

《幼儿园教育指导纲要》指出，"充分利用社会资源，引导幼儿实际感受祖国文化的丰富与优秀，感受家乡的变化和发展，激发幼儿爱家乡、爱祖国的情感"。这充分肯定了本土文化教育资源对幼儿发展的深远影响。因此，大力推广童谣的举措不仅对幼儿园的教学工作十分有益，还可以使幼儿园担当起继承传统文化、保持传统文化特性的重大责任。

桃源是苏州吴江的一个江南小镇，当地很多有价值的童谣一直流传至今。桃源幼儿园尝试挖掘本土童谣资源，从深层次分析童谣资源自身的价值及其对幼儿身心发展的作用，使童谣资源进入课程，激发幼儿探究本土文化的动力，增强幼儿热爱家乡的情感。

 ### 关注文化的传承

一方水土养育一方人，对于江南小镇来说，民间口口相传的童谣对幼儿具有潜移默化、深远持久的影响。童谣资源的开发和利用意义深远，幼儿在童谣课程中的探究、合作、操作、创新环节大胆表达、表现，使本土文化得以传承。每一首桃源童谣都有独特的文化背景，都有各自的教育目标，对本地幼儿的发展具有较大的教育价值。

 ### 立足幼儿的生活

童谣题材包罗万象，有的描述一般的生活情景、民俗节庆活动，有的描述日月星辰、风雨雷电等自然景观，有的是关于鱼虫鸟兽、花草树木、色彩数字等的想象情节。被筛选出来的童谣生动有趣、贴近生活。幼儿园活动从幼儿的一日生活入手，鼓励幼儿充分实践，使幼儿在享受童谣、快乐学习的同时，形成善于表达、敢于探索、乐于合作、富有创想的综合素养。

基于幼儿的发展

促进幼儿的健康成长和全面发展,是幼儿园童谣课程开发的出发点和落脚点。童谣是一种能直接感知、亲身体验的适宜幼儿发展的课程资源。基于对教育整体性的考虑,我们从五大领域出发,研判了童谣课程对于幼儿发展的价值。在立足幼儿理解层次和接受水平的基础上,童谣课程能够对幼儿成长起到很好的帮助作用,能以多元化的表现形式促进幼儿人格健全。

童谣是一种极其适用于幼儿教育的优良资源,它们不仅具有趣味性,使幼儿在学习时较容易接受,还蕴含着丰富的知识。童谣资源的开发与利用任重道远,既是对童谣资源的继承与发展,又是对本土文化资源的重新整合,对幼儿身心发展的影响具有深远持久性和时代进步性。我们秉持"让课程烹饪童年的味道"的理念,让童谣在幼儿园课程中绽放光彩。

资源清单

桃源幼儿园多渠道收集和整理了四十多首本土童谣，在童谣资源进入课程前，对每一首童谣的内容进行细致深入的分析，根据童谣的内容及其蕴含的教育价值，对童谣进行分类，分为生活类童谣、游戏类童谣、动物类童谣、植物类童谣和习惯类童谣。

童谣资源手绘地图

童谣资源列表

生活类	游戏类	动物类	植物类	习惯类
1.《吃糕饼》	1.《囡姓啥》	1.《逗蚂蚁》	1.《拍大麦》	1.《系鞋带》
2.《风俗谣》	2.《抬花轿》	2.《蚊子叮》	2.《蔷薇花》	2.《上楼梯》
3.《扛铃扛铃马来哉》	3.《点点戳戳》	3.《公鸡头》	3.《马兰花》	3.《吃饭歌》
4.《落雨的》	4.《一二三四五》	4.《野猫和鸡》	4.《桃花桃花几月开》	4.《刷牙歌》
5.《金锁银锁》	5.《小茶壶》	5.《蚂蚁搬虫虫》	5.《萝卜谣》	5.《做早操》
6.《小人儿撑凉伞》	6.《丢手绢》	6.《笃笃笃一更天》	6.《炒盐豆》	6.《老师早》
7.《十个小矮人》	7.《摇啊摇》	7.《一只老虎一只猫》	7.《菊花》	7.《爱清洁》
8.《风筝谣》	8.《拉锯子》	8.《小鸡小鸭》	8.《桂花树》	
9.《卖糖粥》	9.《虫虫飞》	9.《一只哈巴狗》		
10.《三轮车》		10.《小蚂蚁》		
11.《开门歌》		11.《鹞灵驮小鸡》		
		12.《小老鼠上灯台》		
		13.《点点鸡》		
		14.《弯背老公公》		
苏州童谣：6首 桃源童谣：5首	苏州童谣：4首 桃源童谣：4首 出处不详：1首	苏州童谣：6首 桃源童谣：8首	苏州童谣：4首 桃源童谣：4首	桃源童谣：7首

基本路径

幼儿可以用自己的方式感知周围的世界,通过听、看、说、演、画、唱等形式综合交互感知童谣,多感官体验学习的多样性。我们根据不同的童谣,通过诵读童谣、创设情境或做事两条路径,将童谣资源融入幼儿园课程,对童谣资源进行开发和利用。

通过诵读童谣,我们进一步基于绘画、歌唱、游戏等不同表现形式和集体活动、区域游戏、生活活动等不同环节,对童谣资源开发提供鹰架支持。同时,我们通过创设情境、讲述故事,将童谣的内容具象化,结合具体活动,让幼儿参与到童谣资源的开发、探究中来,在生活中引导幼儿一起说一说、唱一唱童谣,利用童谣资源帮助幼儿更好地认识家乡的本土文化资源。

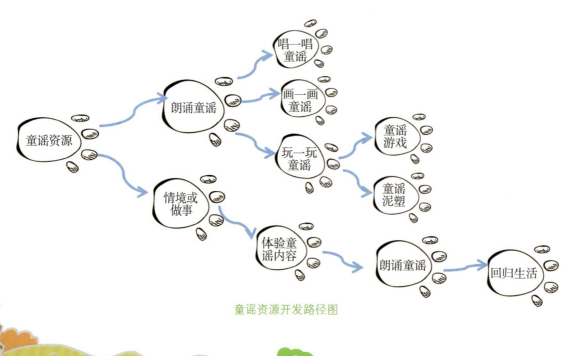

童谣资源开发路径图

 活动列举

桃源童谣在桃源方言这一语言基础上得以传唱，形式短小、节奏明快。

童谣资源活动列表

活动类别与名称		领域	关键经验	年龄班	实施途径				
					教学	区域	生活环节	运动	实践
主题活动	采枇杷（11）	语言、艺术、社会、健康	1. 喜欢接触大自然，对幼儿园里的枇杷树感兴趣。 2. 能口齿清楚地说一说关于枇杷的童谣和故事。 3. 用涂涂画画、粘粘贴贴的方式表现枇杷，并乐在其中。 4. 能学唱关于枇杷的童谣	小班	集体活动、小组活动	语言区、美工区、生活区、种植区	散步	集体游戏	采摘
	我的家乡（13）	语言、艺术、社会、科学	1. 能说出自己的家乡是桃源镇，知道桃源有代表性的物产或景观。 2. 能对家乡的四季进行观察比较，发现家乡的变化。 3. 能用自然的、音量适中的声音唱一唱童谣。 4. 能用绘画、手工制作等方式表现美丽的家乡	中班	集体活动、小组活动	语言区、建构区、音乐区	散步	集体游戏	参观、调查、亲子活动、游览

续表

活动类别与名称		领域	关键经验	年龄班	实施途径				
					教学	区域	生活环节	运动	实践
主题活动	齐心街上有座桥（14）	语言、艺术、科学、社会	1.能通过桥感受到家乡的发展变化，并为此感到高兴。 2.愿意用图画和符号记录自己发现的桥，并和他人分享。 3.能用常见的材料有创意地拼搭和画出各种各样的桥。 4.能用准确的节奏和音调唱一唱关于桥的童谣	大班	集体活动、小组活动	语言区、生活区	点心	集体游戏	参观、调查
	拍大麦（23）	健康、语言、社会、科学、艺术	1.通过调查、收集、参观等活动了解麦子的种植、收割、磨粉过程，感知麦子变成面粉的过程。 2.通过对童谣情境的理解，尝试用动作、表情、乐器等大胆表现、演绎童谣。 3.尝试用麦子的各个部分做游戏，并自主设计游戏玩法，从而创编童谣。 4.通过一系列劳动活动，体会农民伯伯劳动的辛苦，并在生活中养成勤俭节约的好习惯。 5.通过观察、想象、动手及语言表达，进一步加强对麦子的认识，体验童谣活动的乐趣	大班	集体活动、小组活动	生活区、美工区、自然角	午餐	集体游戏	参观、调查、劳动

续表

活动类别与名称		领域	关键经验	年龄班	实施途径				
					教学	区域	生活环节	运动	实践
系列活动	唱玩童谣节（8）	健康、语言、社会、艺术	1. 愿意并能够流利地用桃源方言念、唱童谣，发音清晰准确。 2. 对童谣节感兴趣，愿意参与童谣节活动，并感受童谣节的快乐氛围。 3. 了解海报的组成元素，分享自己对于童谣节的想法，愿意自己尝试设计童谣节海报。 4. 了解童谣这种中华优秀传统文化，并为自己是中国人而感到自豪	大班	集体活动、小组活动	美工区、角色区	午餐	集体游戏	调查
	小人儿撑凉伞（8）	语言、社会、科学、艺术	1. 会说桃源方言，喜欢和同伴一起唱童谣，尝试用多种方法学童谣、玩童谣游戏。 2. 能根据指令边唱歌边表演动作，学习按规则玩游戏。 3. 对探究活动感兴趣，学习搭灶头、烧火等技能，能正确使用劳动工具，和同伴分享劳动经验。 4. 能尝试创编新童谣，按童谣内容大胆创编动作，初步学会演唱和表演。 5. 能综合运用围合、架高等多种技能表现出烧火做饭的场景	中班	集体活动、小组活动	语言区、生活区	点心	集体游戏	参观、调查

续表

活动类别与名称		领域	关键经验	年龄班	实施途径				
					教学	区域	生活环节	运动	实践
系列活动	叽叽嘎嘎（8）	语言、社会、科学、艺术	1. 收集、创编童谣，在念念、唱唱、玩玩、画画中，感受童谣带来的乐趣，学说普通话和桃源话。 2. 通过观察、比较，了解小鸡和小鸭明显的外部特征和基本的生活习性，并愿意用自己喜欢的方式进行创造性的表现。 3. 积极参与活动，喜欢承担一些小任务，体验劳动的快乐。 4. 喜欢亲近小鸡、小鸭，大胆表达对小动物的关爱之情	小班	集体活动、小组活动	语言区、美工区、音乐区、养殖区	午餐	集体游戏	调查、劳动
单个活动	卖糖粥	语言、艺术	1. 学习本土童谣，体验童谣游戏带来的乐趣。 2. 感知节奏的变化，并能区分普通话和方言	小班	集体活动、小组活动	语言区、美工区、音乐区、养殖区			

续表

活动类别与名称		领域	关键经验	年龄班	实施途径				
					教学	区域	生活环节	运动	实践
单个活动	小蚂蚁	语言、艺术	1. 能够用桃源方言说一说、唱一唱童谣。2. 能够用肢体表现小蚂蚁碰触胡须的动作	小班	集体活动、小组活动	语言区、美工区、音乐区、自然角			
	大蜻蜓	语言、艺术	1. 能通过童谣了解蜻蜓的特征。2. 能跟随童谣模仿蜻蜓捉蚊子的动作	小班	集体活动、小组活动	语言区、美工区、音乐区			
	鹞灵驮小鸡	语言、艺术	1. 大胆尝试用桃源话演唱童谣，喜欢本土童谣。2. 积极参与童谣游戏，体验童谣游戏的乐趣	中班	集体活动、小组活动、户外活动	语言区、音乐区		集体游戏	
	萝卜谣	语言、艺术	1. 通过童谣对萝卜产生兴趣。2. 能够用多种方式对萝卜进行表征	中班	集体活动、小组活动	语言区、音乐区			劳动

续表

活动类别与名称		领域	关键经验	年龄班	实施途径				
					教学	区域	生活环节	运动	实践
单个活动	公鸡头	语言、艺术	1.能够边念童谣边做相应的游戏动作。2.了解两两结伴游戏的玩法和规则，体验与同伴交流合作的乐趣	中班	集体活动、小组活动	语言区、音乐区			
	起个五更头	语言、艺术	1.理解童谣的内容，了解"五更头"的含义。2.感受本土童谣的魅力，体验游戏的乐趣	大班	集体活动	语言区、音乐区		集体游戏	
	蚊子叮	语言、艺术	1.能够用桃源方言唱童谣，体验热爱家乡的情感。2.探索"蚊子叮"的游戏玩法，享受本土童谣带来的快乐	大班	集体活动	语言区、音乐区、生活区			
	抬花轿	语言、艺术	1.能通过童谣了解古代嫁娶的用具和习俗。2.能与同伴合作，跟随音乐玩抬花轿游戏	大班	集体活动、小组活动	语言区、音乐区		集体游戏	

注：括号内数字表示活动个数。

课程计划

童谣和我们的生活有着密切的关系，也是幼儿园一直在开发和利用的社会文化资源。我们前期进行了多方面的收集和整理，发现从生活中的衣食住行，到幼儿园一年四季花开花落的变化，以及节日节气的风俗礼节，都可以找到相关的童谣。童谣对幼儿认识周围世界、提升审美水平及获得新经验都有很好的促进作用。幼儿喜欢童谣，喜欢童谣游戏，因而将童谣资源融入课程计划是自然而然的，也是顺势而为。

桃源幼儿园前期一直在建设"乐童"园本课程，以预设的优化的蓝本主题及结合幼儿园内外的优势资源生成的园本主题构成"乐童"课程的主题框架。基于童谣资源的开发路径，我们把收集和整理后的童谣，结合园内的树资源、园外的桥资源、家乡的文化资源等生成童谣园本主题，边开发边实施，边实施边优化，不断完善"乐童"课程框架。

学期课程计划

学期课程计划一览表1

年度 <u>2020—2021</u>　　学期 <u>第一学期</u>　　年龄班 <u>中班</u>　　填表人 <u>王金娟</u>

序号	主题名称	主题目标（价值分析）	主题持续时间	主要资源列举			主题来源
				自然	社会	文化	
1	相亲相爱一家人	1. 知道自己的家庭成员，感知家人之间的亲密关系，喜欢自己的家人，感受父母对自己的爱。 2. 了解集体生活中的新规则，知道一日生活中主要环节的要求，并乐意按要求去做。 3. 对家庭成员的主要特征感兴趣，能大胆尝试用摆放、粘贴等多种方式表达自己的感知，表现自己的发现	5周	花卉资源、树木资源	家长资源、社区资源	图书资源、网络资源、童谣资源*	购买的蓝本课程

续表

序号	主题名称	主题目标（价值分析）	主题持续时间	主要资源列举			主题来源
				自然	社会	文化	
1	相亲相爱一家人	4. 能按照物体的关联性将常见物品归类，学习使用方位词，手口一致地点数6以内的数字。 5. 能用连贯的声音唱歌，并对歌词内容进行简单的表演	5周	花草资源、树木资源	家长资源、社区资源	图书资源、网络资源、童谣资源*	购买的蓝本课程
2	春天的花	1. 喜欢观察周围的花草树木，感知春季的季节特征。 2. 能用自己喜欢的方式表现春天的各种特征，热爱春天，有环境保护意识。 3. 能手口一致地点数8以内的数字，进行5以内实物卡、点卡匹配。 4. 能在文学作品的基础上展开想象，并能仿编诗歌中的一个部分	4周	种植饲养区、花草资源、树木资源	社区资源	图书资源、网络资源、童谣资源*	自主开发的园本课程
3	六个好宝贝	1. 能感知自我，感受自己的能力，积极地参加各种活动。 2. 知道自己有六个好"宝贝"，即眼、耳、鼻、口、手、脚，知道它们的作用及保护方法。 3. 能主动运用自己的"宝贝"感知事物，做自己能做的事。 4. 能听声音辨别5个以内的实物，尝试用"添1"或"去1"的方法将"不一样的数"变成"一样的数"，进一步感受不同图形的特征。 5. 能为歌曲和律动想出替换的歌词或动作，并进行表现	2周	树木资源	社区资源、幼儿园资源	图书资源、网络资源、童谣资源*	购买的蓝本课程

续表

序号	主题名称	主题目标（价值分析）	主题持续时间	主要资源列举			主题来源
				自然	社会	文化	
4	采枇杷*	1. 认识枇杷，能用多种感官去探索枇杷的秘密，发现其明显特征。 2. 在采枇杷的过程中懂得自我保护，知道一些初步的自我保护方法。 3. 能用语言、艺术等多种方式表达对枇杷的认识。 4. 愿意在集体面前表达自己的感受和发现，有合作意识，懂得保护枇杷树	2周	树木资源	设施设备	网络资源、童谣资源*	自主开发的园本课程
5	水真好玩	1. 通过看、闻、尝，了解水是透明的，是无色无味的。 2. 能在玩水活动中尝试与同伴合作，体验游戏交往的乐趣。 3. 能用泡泡水吹画的形式大胆表现水的艺术特征。 4. 乐于参加歌唱活动，能用声音、动作模仿下雨。 5. 了解人们的生活离不开水，懂得节约用水	4周	种植饲养区、花草资源、树木资源	社区资源、幼儿园资源	图书资源、网络资源、童谣资源*	自主开发的园本课程

注：带 * 者是利用本书所谈资源开发的活动。

学期课程计划一览表 2

年度 2022—2023　　　　学期 第一学期　　　　年龄班 大班　　　　填表人 徐璇

序号	主题名称	主题目标（价值分析）	主题持续时间	主要资源列举			主题来源
				自然	社会	文化	
1	我是大班的哥哥姐姐	1. 知道自己是大班的哥哥姐姐，喜欢参加各类活动，在关心弟弟妹妹等活动中乐于表现自己的才干，产生做哥哥姐姐的自豪感。 2. 主动感知周围生活中的标志，并积极了解标志的特征、种类及与人们生活的关系；感知新班级的环境，有一定的社会规范意识和小主人公意识。 3. 在集体活动中能控制自己的情绪和行为，有规则意识和任务意识，在活动中能集中注意力。 4. 能用不同力度及断顿、连贯等不同的唱法表现歌曲的情绪变化；在打击乐活动中，能随着音乐演奏，并有一定的控制能力。 5. 能判断10以内数的大小，初步理解单数、双数的含义；知道5以内数的组成，并会进行相应的加减运用	5周	种植饲养区、花草资源、树木资源	家长资源、小学资源、幼儿园资源	图书资源、网络资源、童谣资源*	购买的蓝本课程

续表

序号	主题名称	主题目标（价值分析）	主题持续时间	主要资源列举			主题来源
				自然	社会	文化	
2	在金色的秋天里	1.关注周围的事物在秋季的变化，感受秋天的美，积极学习运用多种手段表达自己对秋天的认识，乐于用不同的方式记录自己的发现。 2.在活动中有探究的兴趣，知道树木、花草、蔬菜、农作物、水果等都有种子，初步了解植物种子与周围环境的相互关系及几种常见种子的传播方式。 3.能用自然美好的声音歌唱，努力运用速度、力度、音色变化来恰当地演唱，并用形体动作表现树叶飞舞的形态。 4.初步学习统计方法，了解6的组成	4周	种植饲养区、花草资源、树木资源、农田	社区资源、家长资源	图书资源、网络资源、童谣资源*	购买的蓝本课程
3	拍大麦*	1.通过调查、收集、参观等活动了解麦子的种植、收割、磨粉过程，感知麦子变成面粉的过程。 2.通过对童谣情境的理解，尝试运用动作、表情、乐器等大胆表现、演绎童谣。 3.尝试用麦子的各个部分做游戏，并自主设计游戏玩法，从而创编童谣。 4.通过一系列劳动活动，体会农民伯伯劳动的辛苦，并在生活中养成勤俭节约的好习惯。 5.通过观察、想象、动手及语言表达，进一步加强对麦子的认识，体验童谣活动的乐趣	3周	种植饲养区、花草资源、树木资源、农田	社区资源、村落资源、家长资源	图书资源、网络资源、童谣资源	自主开发的园本课程

续表

序号	主题名称	主题目标（价值分析）	主题持续时间	主要资源列举			主题来源
				自然	社会	文化	
4	动植物王国	1. 能主动、积极地收集有关动物的各种信息，感受动物的奇妙，了解人与植物、动物和环境之间的关系。 2. 乐意参加观察、饲养等活动，喜欢动物，并能以自己的方式表现动物的特征。 3. 初步了解常见动物的名称、生活环境，能够用比较丰富的词汇表达对动物的外形特征、习性等的认识，乐意大胆地在集体面前表达。 4. 能比较物体的轻重，理解物体间的重量关系；学习5的加减，掌握6的组成。 5. 会用多种美术形式表现动物的特点，尝试在同伴间进行合作表现	3周	种植饲养区、花草资源、树木资源	社区资源、家长资源	图书资源、网络资源、童谣资源*	购买的蓝本课程
5	拥抱冬天	1. 感知冬天的主要特征，了解人们在冬天的活动、生活及动植物在冬天的变化。 2. 感受新年到来时的喜庆气氛，乐意与周围人进行情感交流；大胆用自己的方式表达内心的喜悦；懂得过年就长大一岁了，希望自己在新年里学习新本领、取得新进步。 3. 感受文学作品的优美，学习运用多种方式表现自己对冬天的认识。 4. 积极参加体育锻炼，增强体质，不怕寒冷、克服困难。 5. 学习7的组成和加减；能按照一定规律进行图形排列；掌握10以内数的守恒	4周	种植饲养区、花草资源、树木资源	家长资源、幼儿园资源	图书资源、网络资源、童谣资源*	购买的蓝本课程

注：带*者是利用本书所谈资源开发的活动。

主题活动计划

主题活动计划一览表1

年度 2021—2022　　学期 第二学期　　执行日期 2022 年 6 月　　年龄班 小班　　填表人 钮小建

主题名称	持续时间	活动名称	来源	主要资源
采枇杷*	2 周	枇杷谣	自主开发的园本课程	童谣资源
		幼儿园的枇杷树		树木资源
		枇杷歌		网络资源
		枇杷工具大比拼		网络资源、园内设施设备
		采摘枇杷准备		树木资源、园内设施设备
		采枇杷		树木资源、童谣资源
		枇杷怎样吃		树木资源
		数枇杷籽		树木资源
		枇杷印画		树木资源、网络资源
		麻子麻采枇杷*		童谣资源、网络资源
		保护枇杷树		树木资源、网络资源

注：带 * 者是利用本书所谈资源开发的活动。

主题活动计划一览表 2

年度 <u>2021—2022</u>　　学期 <u>第二学期</u>　　执行日期 <u>2022 年 6 月</u>　　年龄班 <u>中班</u>　　填表人 <u>王金娟</u>

主题名称	持续时间	活动名称	来源	主要资源
我的家乡	2 周	美丽的家乡	购买的蓝本课程	社区资源、网络资源
		夸家乡		图书资源、网络资源
		图形的家		图书资源
		我的家乡		社区资源、家长资源
		认识地图		图书资源、网络资源
		我们的家乡		图书资源、社区资源
		夸桃源*		童谣资源
		家乡的故事		图书资源、网络资源
		家乡的特产		家长资源
		糖画怎么来		家长资源、网络资源
		家乡的桥		网络资源、社区资源
		各种各样的桥		图书资源、网络资源
		桃源好*		童谣资源

注：带 * 者是利用本书所谈资源开发的活动。

主题活动计划一览表3

年度 2021—2022   学期 第二学期   执行日期 2022 年 6 月   年龄班 大班   填表人 倪佳雯

主题名称	持续时间	活动名称	来源	主要资源
齐心街上有座桥*	2周	齐心街上有座桥	自主开发的园本课程	童谣资源
		一起去看桥		家长资源、社区资源
		各种各样的桥		网络资源
		我找到的桥		社区资源、网络资源
		小小造桥师		网络资源
		造大桥		树木资源、园内设施设备
		桃源的习俗		家长资源、图书资源
		好吃的糕饼		社区资源、图书资源
		我喜欢的糕饼		家长资源、社区资源
		和面团		网络资源、花草资源
		做糕饼		花草资源、园内设施设备
		分糕饼		图书资源
		吃糕饼		网络资源、图书资源
		《做糕饼》童谣		童谣资源

注：带 * 者是利用本书所谈资源开发的活动。

主题活动计划一览表 4

年度 <u>2022—2023</u>　　学期 <u>第一学期</u>　　执行日期 <u>2022 年 10 月</u>　　年龄班 <u>大班</u>　　填表人 <u>徐璇</u>

主题名称	持续时间	活动名称	来源	主要资源
拍大麦*	3周	拍大麦	自主开发的园本课程	童谣资源、网络资源
		参观麦田		农田资源、家长资源
		麦穗麦秆		花草资源、家长资源
		麦子什么样		花草资源、园内设施设备
		麦子的奇妙之旅		图书资源
		种麦子		种植饲养区、园内设施设备
		一箩麦子有多重		园内设施设备
		磨面工具		网络资源、家长资源
		一起做馒头		花草资源、园内设施设备
		打大麦		网络资源
		游戏设计师		童谣资源、网络资源
		童谣游戏大投票		童谣资源
		"拍大麦"游戏		童谣资源
		有趣的麦秆		童谣资源、花草资源

注：带 * 者是利用本书所谈资源开发的活动。

续表

主题名称	持续时间	活动名称	来源	主要资源
拍大麦*	3周	麦秆吹画、麦秆贴画	自主开发的园本课程	花草资源、网络资源
		盛泽烧麦店		社区资源、家长资源
		面粉制品		花草资源、家长资源
		好吃的面食		家长资源、网络资源
		面点品尝会		家长资源
		泡大麦茶		花草资源、园内设施设备
		光盘行动		童谣资源
		《拍大麦》新编		童谣资源
		珍惜粮食		童谣资源、图书资源

注：带*者是利用本书所谈资源开发的活动。

方案设计

主题活动方案

⭐ 拍大麦（大班）

一、集体活动　拍大麦

活动目标

1. 理解歌词内容，尝试用桃源方言演唱童谣《拍大麦》。
2. 运用动作、表情，大胆表现、演绎童谣，体验本土童谣带来的快乐。

活动准备

经验准备：幼儿在活动前对《拍大麦》有一定的了解。

工具和材料投放：乐器、音乐。

活动过程

（一）欣赏歌曲，感知童谣

1. 师：今天老师给小朋友们带来了一首好听的歌谣，先请小朋友们竖起小耳朵听一听。
2. 师：现在请小朋友们来说一说，你觉得这首歌和平时听的歌曲有什么不同？
3. 师：这首歌谣是用桃源话唱的，而且是一段像绕口令一样的童谣。

（二）运用图谱，理解歌词

1. 用桃源话说一说歌词。

（1）师：老师现在就要来考考小朋友，大麦用桃源话怎么说？打大麦用桃源话又怎么说呢？

（2）师：现在我们知道大麦怎么说了，跟着老师先念一遍这首童谣，小朋友们能做到吗？

2. 体验歌曲情感。

（1）师：现在请小朋友们来说一说你觉得打大麦的时候是什么样子的？

（2）师：打完大麦放在哪里？有几个背篓？

（3）师：打了这么多背篓的大麦，农民伯伯辛苦不辛苦？我们把这首童谣唱出来，给农民伯伯加加油好不好？

（三）学唱歌曲，大胆演绎

1. 用普通话演唱，感受旋律。

师：我们先用普通话唱一唱，感受一下歌曲的旋律。

2. 提升难度，用方言演唱。

师：我们已经会用普通话唱了，现在我们用桃源话试一试吧。

（四）表演"打大麦"

1. 讨论、制定游戏规则。

（1）师：如果你们是农民伯伯，你们怎么打大麦？

（2）师：等会儿你们边唱边做打大麦的动作（弯腰，一只手扶着大麦，另一只手割大麦，然后起身放背篓），做四遍。然后和旁边的小朋友面对面，都先伸一只手再伸另一只手，最后牵手转圈。

2. 分组做表演游戏。

（1）师：现在请小朋友一起来配上动作唱一唱。

（2）师：现在小朋友们都学会这首童谣了，回家唱给辛苦的长辈听吧。

活动延伸

将《拍大麦》的音乐投入音乐区,让幼儿继续表演。

活动反思

通过活动"拍大麦",幼儿初步学习了边唱童谣边玩童谣游戏,在游戏中理解和演唱童谣,感知童谣内容,体会农民伯伯种麦子时的艰辛。幼儿在玩童谣游戏时兴趣非常高,都能够积极参与到活动中来,但还是出现了一些问题:部分外地幼儿对方言并不熟悉,在演唱时发音不准确。针对这种情况,教师将在生活中和区域游戏中持续进行渗透,如在音乐区播放学过的童谣,帮助幼儿熟悉并掌握用桃源方言念童谣的技能。

(钱云云)

二、参观活动　参观麦田

活动缘起

初夏,麦田飘香,正是麦子生长和收获的黄金季节。学习完童谣《拍大麦》之后,为了让幼儿亲近自然,了解麦子的生长过程及其与人们生活的密切关系,教育幼儿尊重农民的辛勤劳动,养成爱惜粮食的习惯,教师带着幼儿走出幼儿园,走进麦田,开启了一场探寻麦子的秘密之旅。

活动准备

经验准备:幼儿认识麦子,见过麦田。

工具和材料投放:画纸、笔。

参观对象和内容

教师和幼儿参观麦田,欣赏麦子、麦秆、麦叶的形状,了解麦子的生长环境。

参观前谈话

师：你们见过麦子吗？我们今天参观一下麦田，看看麦子长什么样？

活动要求

1. 幼儿分成五组，前往麦田观察和记录。

2. 请农民伯伯介绍麦子的生长过程，了解麦子从发芽到成熟需要农民付出多少时间和精力。

3. 幼儿进行观察，了解麦子的外形特征及生长环境。

4. 请幼儿画一画自己看到的麦子。

注意事项：不损害麦子。

参观后汇总和讨论

1. 交流：麦子的茎叫什么？麦叶是什么形状的？未成熟的麦子是什么颜色的？麦子的果实叫什么？

2. 画一画麦子。

活动延伸

家长带领幼儿到有面粉厂的地方看看麦粒是如何被磨成面粉的。

活动反思

学习完童谣《拍大麦》之后，幼儿对麦子充满了兴趣，于是教师整合了家长资源和社区资源，组织开展了一次参观麦田的活动。在参观麦田之前，教师制订了详细的参观计划，让幼儿到麦田中进行有目的的观察。在麦田中，幼儿通过摸一摸、闻一闻、画一画等多种形式，直观地了解了麦子的各个组成部分和麦子的生长环境，并且通过采访农民伯伯的活动，知道了种植麦子的辛劳，懂得了粮食的来之不易。

（周如意）

三、收集活动 麦穗麦秆

活动缘起

随着对童谣《拍大麦》的深入了解,幼儿认识了麦子,但是不了解麦子的每个组成部分。于是,我们开展了本次收集活动,让幼儿进一步了解麦穗、麦秆。

经验准备:幼儿认识麦子。

工具和材料投放:展示台。

收集对象和内容

幼儿收集麦穗、麦秆,感受麦子的各个组成部分,了解麦子的有用和有趣。

收集前谈话

幼儿回忆在哪里见过麦子。

师:你们在哪里见过麦子吗?

幼:在麦田里。

师:那你们仔细观察过麦子吗?麦子有哪些组成部分?

活动要求

1. 幼儿分组前往附近的麦田,进行观察和记录,带一些麦穗和麦秆回幼儿园。
2. 幼儿采访农民伯伯,了解麦子的各个组成部分,并完成记录。

注意事项

幼儿在收集时注意安全,不要损害麦子,带回前征求农民伯伯的同意。

收集后汇总、展示、交流和讨论

幼儿将收集的麦子放到展示台,观察麦子的各个组成部分,并进行交流讨论。

活动延伸

将收集的麦秆、麦穗投入美工区、益智区。

活动反思

幼儿对麦子有了一定的了解,知道麦子是一种粮食,能够被磨成面粉等,但是对于麦子的样子、形状、生长过程等都缺乏了解。在参观麦田活动中,幼儿走进麦田,通过采访农民伯伯,掌握了麦子种植、生长的知识。收集活动开始后,幼儿沉浸其中,捡拾着地上的麦穗、麦秆,按几支一束进行打包。教师将收集到的麦穗、麦秆及时投放到资源站,鼓励幼儿持续深入地开展相关游戏活动。

(程王祺)

四、集体活动 麦子什么样

活动目标

1. 了解麦子的特征及用途,进一步加深对麦子的认识。
2. 感知农民伯伯劳动的辛苦,知道粮食的来之不易,懂得爱惜粮食。

活动准备

经验准备:幼儿和家长一起收集过麦子,对麦子有初步的了解。

工具和材料投放:麦子生长期图片、一小捆实物麦子、一盘麦粒、一小袋面粉。

活动过程

(一)谈话导入,引导幼儿了解麦子的外形特征和组成部分

1. 师:小朋友都见过麦子吗?它是什么样的?

2. 幼儿自由讨论麦子的外形特征和组成部分。

（二）展示麦子实物，引导幼儿认识麦子的根、茎、叶的形状

1. 师：你们知道麦子的茎叫什么吗？麦子的顶端是什么？

2. 总结：小麦的茎俗称麦秸，空心、有节、光滑、叶狭长；茎的顶端长有麦穗，麦穗有针一样的麦芒，麦穗成熟时是金黄色的。

（三）出示PPT课件，引导幼儿了解麦子的生长过程

1. 教师引导幼儿了解小麦的播种和收获。

2. 师：在长江中下游地区，秋季，农民把麦种播在地里；冬季，压实麦苗；第二年春天，麦苗长得绿油油的，并逐渐长大、抽穗、开花、结籽；5月底6月初，麦子慢慢地由绿变黄，成熟，农民伯伯开始收麦，这叫夏收。

（四）出示各种麦制品图片，引导幼儿了解麦子的用途

1. 教师出示各种麦制品图片，引导幼儿了解它们都是用麦子做的。

2. 教师引导幼儿了解麦子的用途：麦粒可磨成面粉；面粉可做成馒头、面条、水饺、蛋糕、饼干、面包等；麦秸可编制成草帽、扇子、垫子、草包等，也可作燃料和泥墙皮。

3. 师：麦子是在夏季成熟的粮食作物，你在夏季还见过哪些粮食作物？（早稻、玉米、高粱、番薯等）

4. 幼儿体验农民伯伯的辛苦，珍惜农民伯伯的劳动成果，爱惜粮食，不剩饭，不掉饭粒。

（五）玩"麦爷爷找孩子"游戏

1. 一个幼儿戴上麦子头饰当麦爷爷，其余小朋友扮演面粉制品（把面粉制品的图片挂在幼儿胸前）。

2. 麦爷爷说："我的孩子不见了，他们都变了样，哪是我的孩子呀？"幼儿依次说："我是

面包，是麦爷爷的孩子。""我是饼干，是麦爷爷的孩子。"

活动延伸
将麦子的各个部分投入科学区，让幼儿继续探索。

活动反思
幼儿对麦子有了初步的了解，同时也产生了持续且浓厚的兴趣。在本次活动中，教师利用实物麦子，形象直观地引导幼儿去发现、认识麦子的根、茎、叶的形状，从而加深对于麦子的印象及了解。之后又借助生动形象的PPT课件，帮助幼儿更好地了解麦子的播种和收获过程。幼儿在看看、听听、玩玩、说说、演演中了解到麦子的生长过程，懂得了粮食的来之不易，萌发了自己种植麦子的愿望。

（贝芳英）

五、集体活动　麦子的奇妙之旅

活动目标
1. 欣赏绘本《小麦的神奇之旅》，感知麦子变成面粉的过程。
2. 知道面粉能制作成许多食品，懂得粮食的来之不易。
3. 体验语言游戏带来的愉悦感。

活动准备
经验准备：幼儿认识麦子，知道有关麦子的知识。

工具和材料投放：小麦花束、绘本《小麦的神奇之旅》PPT课件、小柜子、面食。

活动过程

（一）用实物小麦导入，引出主题

师：小朋友们，老师手里拿的是什么呀？今天老师给小朋友们带来了一位好朋友，它的名字叫小麦，现在我们就来看一看小麦身上发生了哪些有趣的故事吧！

（二）了解小麦，分享绘本内容

1. 教师引导幼儿观察绘本封面。

（1）师：绘本封面上都画了些什么？（小麦等）

（2）师：你们觉得小麦背着包打算去干什么？

2. 教师和幼儿一起逐页观看绘本内容。

（1）师幼共同阅读绘本，幼儿仔细观察，发现小麦是去旅行的。

（2）幼儿猜猜小麦会和谁一起去旅行、去哪里旅行。

（3）幼儿说说小麦去了不同的地方旅行后，变成了什么：坐小火车变成面粉（教师出示实物面粉），遇到和面机变成面团后，又成了圆圆的馒头（教师播放用和面机制作面团视频，出示实物面团），遇到面条机变成细细长长的面条（教师播放用面条机制作面条视频），遇到烤箱变成精致的小蛋糕，遇到电饼铛变成圆圆扁扁的烙饼，遇到汤锅变成疙瘩汤。

（三）观看PPT课件，讲述绘本故事

幼儿阅读绘本故事后，一边观看绘本图片，一边讲述绘本故事。

（四）开展游戏活动，激发兴趣

师：小朋友们，老师设计了一个小游戏，要选两个小朋友比一比，看谁能准确地选出屏幕上由小麦制成的食品。

（五）总结

师：通过游戏，我们知道馒头、面条、烙饼、疙瘩汤、蛋糕是由小麦制成的。还有哪些由小麦

制成的食品呢？（水饺、包子等）哪些不是由小麦制成的呢？（米饭、爆米花）

（六）活动分享，珍惜粮食

师：今天我们看到，小麦和朋友们经历了很长时间、困难重重的旅行，才变成我们餐桌上可口的食物。我们以后吃饭的时候，一定不要浪费哦！

活动延伸

幼儿制作绘本中不同角色的头饰和服装，表演绘本故事。

活动反思

在已有的知识经验中，幼儿对小麦的认知是感性的、模糊的，并不清楚小麦是怎样变成面粉的，也不清楚它们经过哪些加工程序才能变成馒头、面包等面食。为了解决这一问题，"小麦的神奇之旅"这一语言活动诞生了。在本次活动中，幼儿在阅读、讲述、创编、分享的过程中，体验了小麦变成食物的过程，了解了面粉的加工流程，养成了不浪费食物的好习惯。

（周如亿）

六、劳动活动 种麦子

活动缘起

幼儿学习了童谣《拍大麦》、参观完麦田之后，对麦子的种植、生长产生了兴趣，于是教师组织开展了种麦子的劳动教育活动。

活动准备

经验准备：幼儿对麦子的种植过程有一定的了解。

工具和材料投放：麦种、水、喷壶、试纸、水培育苗盘。

活动内容

幼儿观看水培麦子视频，了解种麦子的过程，学习动手种麦子。

活动前谈话

师：你们知道麦子是种在哪里的吗？

幼：泥土里……

师：还可以种在哪里呢？

幼：水里可以吗？

师：老师买了一些材料，我们一起试试看吧！

指导要点

1. 将麦种浸没在水中10小时。
2. 将水培育苗盘装满水，再把浸泡后的麦种平铺在盘子里。
3. 将试纸盖在盘子里的麦种上，再用喷壶把试纸喷湿。
4. 将麦种放在种植区，让幼儿观察麦子的生长过程，并在观察记录本上做记录。

注意事项：保持湿度，经常给麦种浇水。

活动后交流和讨论

1. 幼儿分组讨论照顾麦子的注意事项，如光照、水量等。
2. 幼儿讨论麦苗长高后怎么及时处理，并分享相关方法。

活动延伸

在生活区将剪下来的麦苗制作成麦芽糖。

活动反思

本次种麦子活动满足了幼儿参与麦子种植这一劳动过程的愿望，他们在亲自操作的过程中充分与环境、材料及其他幼儿进行互动，认识了种麦子的工具、设施，知道了种麦子的具体步骤。幼儿也在分组合作种植的过程中，体验到了合作的乐趣，加深了对劳动的理解。

（钱云云）

七、集体活动 一箩麦子有多重

活动目标

1. 通过操作，初步感知一箩筐物体的重量，并学习做记录。
2. 能够完成较简单的分析、比较、推理。
3. 对数学操作活动感兴趣，在活动中体验农民伯伯的辛苦。

活动准备

经验准备：幼儿学习了童谣《拍大麦》，了解了装麦子的工具。

工具和材料投放：自制天平、各种称重材料、记录表、麦子、箩筐。

活动过程

（一）以童谣导入，引出箩筐

1. 师：小朋友们，之前我们学习了童谣《拍大麦》，你还记得它是怎么唱的吗？
2. 师：大家知道"一箩麦，两箩麦"是什么意思吗？

（二）了解箩筐

1. 师：原来"一箩麦，两箩麦"的意思就是"一箩筐麦子，两箩筐麦子"，那么你们见过箩筐吗？在哪里见过？（引导幼儿根据前期经验说一说箩筐的用处、外形等）
2. 师：今天老师也带来了一个箩筐（出示箩筐），请大家说一说箩筐还可以用来干什么。（引

导幼儿了解箩筐的用处，如可以用来盛放各种东西）

（三）动手称重

1. 师：今天老师带来了一箩麦子（出示麦子），农民伯伯遇到了一个难题，他想知道这箩麦子有多重，但是没有秤，只有一个天平，还有木块、矿泉水，想请小朋友们帮帮忙。（引导幼儿讨论有什么好办法可以在身边没有秤的情况下知道一箩筐麦子有多重）

2. 幼儿初步尝试用天平、木块知道一箩筐麦子有多重。

幼儿在天平的一边放麦子，在另一边放木块等物品，了解用几个木块能让天平保持平衡。

师：这时候天平保持平衡了，大家一起来数一数用了几个木块吧。

3. 幼儿动手尝试，并做记录。

师：农民伯伯还给了大家每人一张记录表，请大家试一试除了木块外，还能用什么来称出一箩筐麦子有多重。

4. 教师总结，并请个别幼儿展示自己的记录表，说一说自己用了什么物品来知道一箩筐麦子有多重。

活动延伸

幼儿尝试用天平在科学区对教室里的其他物品进行称重，并做记录。

活动反思

本次活动是一次非常有趣的数学活动。由于前期在学习童谣时，部分幼儿不理解"箩"是什么意思，教师组织开展了本次"一箩麦子有多重"活动。活动中幼儿了解了"箩"的外形和用处，并利用秤和教室中的其他物品，亲自探究了一箩筐麦子有多重。幼儿能够边操作边在记录表上用数字、点数做标记，发展了初步的实验、推理、探究能力，对童谣《拍大麦》也有了进一步的理解。

活动附件

幼儿操作记录表					
物品				?	?
所用数量					

（程王祺）

八、收集活动　磨面工具

活动缘起

幼儿在学习了童谣《拍大麦》后，对其中的"磨面做馒头"充满了好奇：什么叫磨面？有哪些磨面工具？教师基于幼儿的问题生发活动，带着幼儿去收集一些常见的磨面工具，让他们了解有哪些磨面工具，以及如何磨面。

活动准备

经验准备：幼儿之前见过磨面工具。

工具和材料投放：展示台。

收集对象和内容

幼儿收集生活中的小型家庭式石磨，知道如何正确使用石磨，了解生活中石磨的功能。

收集前谈话

教师让幼儿回家后和家长一起找一找身边有没有磨面工具，收集到后贴上名字带到幼儿园。

收集后汇总、展示、交流和讨论

教师将幼儿带来的磨面工具放在展示台上进行展示，让幼儿自由观察，并讨论自己带来的工具的功能性。

活动延伸

幼儿和家长一起用自己收集到的磨面工具进行一次磨面活动。

活动反思

在与家长一起收集了石磨等常见磨面工具后，幼儿对磨面工具有了更深入的了解。他们收集到了两种石磨：一种是旧式石磨，另一种是电子石磨。通过参观、讨论、分享，幼儿知道了它们各自的功能，同时也了解到电子石磨在家庭使用中更便于操作，体验到了科技给人们带来的生活便利性。幼儿对科学工具的探究欲望延伸到了对进行实操的期待，这更加验证了本次收集活动的价值取向。

（陈　琳）

九、劳动活动　一起做馒头

活动缘起

带来各类磨面工具之后，幼儿对面食是如何制作而成的有着浓厚的兴趣。从幼儿的"我想做面食"的投票情况来看，想亲自制作馒头的幼儿人数占很大比例。因此，从幼儿的兴趣点入手，我们带领幼儿借助生活工具亲自制作馒头，体验劳动的快乐。

活动准备

经验准备：幼儿吃过馒头。

工具和材料投放：揉好的发酵面团若干、酵母粉少许。

活动内容

幼儿知道制作馒头需要哪些材料，以及在制作中应注意哪些卫生条件，掌握馒头制作技能。

活动前谈话

教师引导幼儿与家长一起上网搜索制作馒头的基本方法与步骤，了解如何正确使用酵母粉。

活动中的巡回指导

教师提醒幼儿注意正确使用揉、搓、团、捏等制作技能，并时刻注意卫生。

活动后交流和讨论

教师组织幼儿讨论制作馒头的劳动收获，观察馒头在蒸熟前和蒸熟后的变化。

活动延伸

教师鼓励幼儿回家与家长一起制作馒头，体验亲子劳动的乐趣，感受成功的喜悦。

活动反思

在制作馒头的过程中，教师及时关注每个幼儿的表现与反应，敏锐地捕捉他们的需要，及时提供物质材料和技能支持，让幼儿在亲身体验中获得劳动的成就感，并在劳动的过程中获得新的经验。幼儿掌握了正确的馒头制作技能，如揉、搓、团、捏，也知道了面团中被加入了一种神奇的东西（酵母），并通过自己的全程观察了解到馒头在蒸熟前和蒸熟后的不同，体验到了科学探究的趣味性。

（黄文洁）

十、集体活动　游戏设计师

活动目标

1. 利用麦秆设计游戏玩法，体验麦秆在游戏中的作用，发现麦秆的多种功能。
2. 喜欢玩麦秆游戏，感受游戏带来的快乐。

活动准备

经验准备：幼儿认识麦秆。

工具和材料投放：麦秆、肥皂水、黄豆。

活动过程

（一）玩童谣游戏"拍大麦"

1. 师：小朋友们，你们还记得童谣游戏"拍大麦"吗？我们一起来玩一玩。
2. 幼儿两两合作玩游戏。

（二）设计游戏

教师出示麦秆，让幼儿想出新玩法。

1. 师：小朋友们，你们刚才玩童谣游戏玩得开心吗？快看，老师给你们带来了什么？（麦秆）
2. 师：这个麦秆可以怎么玩？（吹泡泡）
3. 师：为什么麦秆能吹泡泡？（麦秆是圆形的，里面是空心的）
4. 师：除了吹泡泡外，还有什么游戏玩法？（玩挑小棒的游戏，吹豆豆……）
5. 师：小朋友们真厉害！想出了这么多的游戏玩法，你们都是游戏设计师。（小结）

（三）玩游戏

1. 教师出示麦秆和肥皂水，请一名幼儿玩一玩吹泡泡的游戏。
2. 教师出示一小捆麦秆，请两名幼儿合作玩一玩挑小棒的游戏。

3. 教师出示麦秆和黄豆，请一名幼儿玩一玩吹豆豆的游戏。

4. 幼儿选择自己喜欢的材料玩游戏。

活动延伸

把游戏材料放在活动区域，供幼儿游戏。

活动反思

本次活动是基于童谣《拍大麦》生成的活动。幼儿在学习完童谣之后，对"拍大麦"的游戏玩法充满了兴趣，于是教师充分发挥幼儿的主体作用，让他们当游戏设计师。利用麦秆这一材料，通过幼幼合作、师幼合作等多种方式，引导幼儿设计新的童谣游戏玩法，并鼓励他们进行展示。通过本次活动，幼儿的表达能力、创造力、合作能力等都有了一定的提升。

（周如意）

十一、集体活动　　有趣的麦秆

活动目标

1. 认识麦秆，知道麦秆在生活中的广泛用途。
2. 大胆想象、尝试用麦秆进行创作，体验麦秆创作活动带来的乐趣。

活动准备

经验准备：幼儿到附近的麦田看农民伯伯收割麦子，带一些麦秆回园；幼儿已有编、扎经验。

工具和材料投放：用麦秆装饰的小舞台、《麦秆的用途》《爱闯祸的麦秆》PPT 课件、麦秆、音乐伴奏带。

活动过程

（一）时装表演导入

1. 幼儿身穿各种用麦秆编织的衣服，头戴草帽在舞台上进行时装表演。

2. 师：刚才这些小演员身上的衣服是用什么做成的？（麦秆）

3. 师：我们的小舞台是用什么装饰的？（麦秆）

（二）播放《麦秆的用途》PPT课件，探究麦秆的用途

1. 师：麦秆有哪些用途呢？（作肥料、燃料、饲料……）

2. 师：麦秆可以做成哪些东西？（草帽、草席、帘子……）

3. 师：麦秆还可以做成哪些东西？（工艺品）

4. 师：麦秆在我们的生活中还有哪些用途？

（三）播放《爱闯祸的麦秆》PPT课件，对幼儿进行环保教育

1. 师：麦秆闯了什么祸？（起火的麦秆引发了火灾）

2. 师：我们怎样才能合理利用麦秆？（让麦秆进回收站，变废为宝……）

3. 小结：麦秆可以用来保护土里的种子，作肥料、燃料、饲料，做成草鞋、草垫、草席等。麦秆有很多用途，我们不能焚烧麦秆，否则不仅浪费资源，还污染环境。

（四）尝试用麦秆进行手工制作

1. 师：麦秆可以用来做很多东西，小朋友们想不想尝试一下？今天老师为你们准备了许多麦秆。

2. 幼儿自选材料进行创作。

3. 教师巡视指导，鼓励幼儿大胆想象、制作各种艺术品，如拼贴麦秆画、编草绳、盖草房等。

（五）作品展示，分享交流

（六）教师总结

活动延伸

将作品摆放在活动室小舞台上，供幼儿进行区角游戏。

活动反思

在本次活动中，教师通过直观形象的表演秀，让幼儿近距离欣赏由麦秆制作而成的衣服、草帽，激发他们的兴趣。对于大班的幼儿来说，用麦秆进行编织有很大的难度，因此他们对于制作麦秆画有更多的兴趣。当一幅幅美丽的麦秆画映入他们的眼帘时，幼儿不约而同地发出"哇！好美"的赞叹声，同时也被激发出了观察兴趣和创作欲望。幼儿自主选择材料进行制作，在活动中能大胆表达并自主进行艺术创作。作品制作完成后，幼儿争先恐后地说着自己喜欢的作品，大胆地表达自己对艺术品的欣赏和对艺术的独特理解。

（贝芳英）

十二、区域活动　麦秆吹画、添画

经验联结

通过集体教学活动"有趣的麦秆"，幼儿认识了麦秆，知道了麦秆的有用和有趣。活动结束后，有幼儿提问麦秆是否可以用来画画，于是教师将麦秆投放到美工区，供幼儿进行自由创作。

活动目标

幼儿尝试用麦子的各个部分进行游戏，并自主设计游戏玩法，创编童谣。

活动准备

经验准备：幼儿认识麦秆，会用剪刀。

工具和材料投放：麦秆、白纸、双面胶、剪刀、蜡笔、记号笔。

活动内容

幼儿将麦秆剪成合适的长度,进行吹画或添画,并将自己的游戏玩法创编成一句好听的话加入童谣《拍大麦》中。

活动要求

教师提醒幼儿在吹画时注意方向并小心使用剪刀。

指导要点

教师指导幼儿在吹画和添画前先画出大概的轮廓和形状。

活动延伸

教师将幼儿的作品布置在美工区和班级墙面,美化班级环境。

(徐　璇)

十三、调查活动　面粉制品

活动缘起

随着对童谣《拍大麦》的深入了解,幼儿知道了麦子是如何从麦穗变成面粉,然后又变成各种食物的,但是生活中哪些食物是用面粉做成的呢?幼儿对此并不十分清楚,于是开始进行调查。

活动准备

经验准备:幼儿知道面粉可以被做成各种食物。

工具和材料投放:记录表、记号笔。

调查对象和内容

幼儿向包子店、面店、面包店等处工作人员调查哪些食物是用面粉做成的,以及制作这些食物是否用的是相同的面粉,并记录在调查表上。

调查前准备

1. 幼儿分成"早点类""面饼类""面条类""煎炸类""饺子类"五个小组,分组进行研究。

2. 幼儿对早餐店的老板、面店的工作人员、家中的长辈等进行采访,了解面粉是如何被制作成各种食物的,并完成记录表。

3. 幼儿在家收集或制作面粉食品,带到幼儿园与老师、同学分享。

调查后汇总和讨论

幼儿分组交流讨论,整理出调查结果。

活动反思

在本次调查活动中,幼儿制订调查计划,分组进行调查活动,对桃源镇的各种面食制品店进行探访。活动中幼儿相互合作,大胆与他人进行沟通交流,并用绘画的方式记录下自己的发现,回到幼儿园后与同伴交流分享。幼儿不仅了解了相关店铺的位置信息,还提升了语言表达能力和社会交往能力。

活动附件

面粉制品调查表

我们找到的面粉食品	食品售卖的地点	使用到的面粉种类
		①高筋面粉　□ ②中筋面粉　□ ③低筋面粉　□

(钱云云)

十四、收集活动　好吃的面食

活动缘起
前一天的调查活动结束后,幼儿知道了许多面粉制品,对于种类多样的面粉制品的味道充满了好奇。于是,教师就请幼儿收集生活中各种常见和不常见的面食。

活动准备
经验准备:幼儿知道面粉可以做成各种食物。

工具和材料投放:各种面食。

收集对象和内容
幼儿收集生活中的各种面食,感受生活中面粉的用途。

收集前准备
幼儿观察家中各种食品包装袋上的成分表、配料表,在用面粉制作的食品中,选择自己喜欢的并给其贴上名字标签带到幼儿园。

收集后汇总、展示、交流和讨论
将收集到的面食陈列在展示区,幼儿自由参观,并做交流讨论。

活动延伸
将收集到的面食放在游戏区"小吃店"进行售卖。

活动反思
本次活动通过家园合作的方式,引导幼儿在家长的帮助下了解生活中各种常见的和不常见的面食,在收集过程中通过观察成分表和配料表,知道食品是由哪些材料做成的,并将自己收集到的食品带到幼儿园与同伴分享。本次活动不仅增进了亲子关系,还发展了幼儿的科学探究能力。

活动附件

"好吃的面食"调查表

记录者	我发现的面食

（徐　璇）

十五、集体活动　面食品尝会

活动目标

1. 对面食感兴趣，感知面食的多样性。
2. 了解面食与人们生活的关系，知道几种常见的面食烹饪制作方法。
3. 积极参与活动，大胆说出自己的想法。

活动准备

经验准备：幼儿了解面粉能够被制作成各种各样的食品。

工具和材料投放：米粉，水，蛋糕、面条、包子、饺子等面食，已完成的有关麦子及面粉的调查表。

活动过程

（一）看看、说说面粉制品

师：（出示面条）这是什么？这是用什么做的？面粉是从哪里来的？除了面条外，面粉还可以用来做些什么？

（二）感知面团的特性

1. 幼儿观察面粉加水变成面团的操作过程。
2. 幼儿尝试用滴管往面粉里加一次水并揉合，说说面粉发生了什么变化。
3. 幼儿再次加水并揉合，说说变化。（面粉加水揉和会变成像橡皮泥一样的面团）

（三）幼儿品尝面粉制品

1. 师：今天我们一起来品尝一下用面粉做成的食物好吗？
2. 教师展示各种面粉制品，幼儿品尝，并相互交流食物的味道。

（四）总结

1. 面粉可以用来做很多食物，如方便面、油条、煎饼等。
2. 幼儿要懂得爱惜粮食。

活动延伸

将剩余的面食投放在游戏区"小吃店"，让幼儿玩买卖游戏。

活动反思

在本次活动中，教师用谈话导入的方式激发幼儿参与活动的兴趣，让幼儿通过亲身实践了解面食种类和烹饪方式；通过观察、提问的方式，让幼儿深入理解面食因烹饪方式的不同而发生营养方面的变化。本次活动启发了幼儿对面食与人们的关系的思考，使他们初步懂得了要爱惜粮食。

（周如意）

十六、区域活动　泡大麦茶

经验联结

麦子成熟了，幼儿来园、离园的路边都是金灿灿的麦田，幼儿在日常谈话中问到麦子是否可以吃。幼儿带来大麦茶，并尝试用开水泡大麦。教师根据幼儿的需要，将大麦投放到生活区，以加深幼儿对大麦的了解。

活动目标

1. 运用各种感知觉，观察水的冷、热对大麦茶的影响。
2. 能用完整的语言清楚地表达观察到的结果。

活动准备

经验准备：幼儿知道可以用大麦泡茶喝。

工具和材料投放：两个透明茶壶、一壶热水、一壶凉水（凉白开）、大麦茶、幼儿水杯（每人一个）。

活动内容

幼儿合作分别将大麦放入热水和冷水中进行冲泡，品尝不同温度的水泡出的大麦茶的味道，分享自己的感受。

活动要求

1. 幼儿了解泡大麦茶的过程，知道大麦茶在热水中外形、颜色、味道的变化。
2. 幼儿看看、闻闻、尝尝大麦茶与平时喝的茶的味道、颜色有什么不同。

指导要点

教师指导幼儿在泡茶的过程中不要将水洒出来，倒水的时候速度要慢。

活动延伸

将大麦投放到美工区作为装饰材料,引导幼儿进行创作。

(贝芳英)

十七、集体活动 光盘行动

活动目标

1. 初步了解"光盘行动"的意义,知道落实光盘行动人人有责。
2. 知道粮食是怎么来的,珍惜他人的劳动成果,养成勤俭节约的好习惯。

活动准备

经验准备:幼儿在家通过网络、书籍等了解了一些西部穷苦孩子的生活饮食状况。

工具和材料投放:公益广告视频、PPT课件、午餐情况统计表、双面胶。

活动过程

(一)播放"光盘"公益广告,引导幼儿初步理解"光盘"的概念

1. 教师播放"光盘"公益广告。

师:这段广告在告诉我们什么?(引出词语"光盘")什么叫"光盘"?(光盘行动是指倡导人们就餐时不浪费粮食,吃光盘子里的东西,将吃不完的饭菜打包带走。)为什么要提出"光盘"?

2. 播放课件,让幼儿了解西部穷困人家的生活及自己周边人、各行各业一些浪费粮食的情况。

3. 教师小结:小朋友刚才都看见了,我国还有一些贫困地区,而我们身边的有些人却一直在浪费粮食。开展光盘行动不仅可以减少浪费,还可以让我们从小养成勤俭节约、不浪费的好习惯。

（二）组织幼儿统计午餐情况，鼓励幼儿参与"光盘行动"

1. 教师出示幼儿午餐情况统计表，引导幼儿理解表格含义，并提出统计要求：昨天午餐时饭、菜都吃完的幼儿选择一朵红花贴在有"光盘"的图片下面，剩菜剩饭的孩子选择一朵蓝花贴在没有"光盘"的图片下面。

2. 幼儿分组上台操作：贴花。

3. 教师引导幼儿观察统计情况，总结本班幼儿午餐的"光盘"情况。

4. 教师小结：获得红花的小朋友们真能干，你们已经做到了"光盘"，老师相信你们一定会坚持下去，都能做节约、不浪费粮食的好孩子。获得蓝花的小朋友也要加油哦，一起参与到我们的光盘行动中吧！老师期待明天的午餐后，你们的蓝花都能变成红花。

活动延伸

1. 师生一起将海报展板投放于幼儿园大厅进行"光盘"宣传。

2. 幼儿在区域活动中继续设计家庭、餐厅等"光盘"宣传海报，并能将"光盘"行动体现在角色游戏中。

活动反思

通过本次活动，幼儿不仅知道了"光盘"行动，还向自己的朋友、家人宣传"光盘"行动。幼儿积极参与到"光盘"行动中来，通过"贴花"环节萌发了珍惜粮食的积极情感，也感受到了"光盘"的快乐和喜悦。同时，教师及时鼓励获得蓝花的小朋友，在寓教于乐的过程中完成教学目标。

活动附件

午餐情况统计表

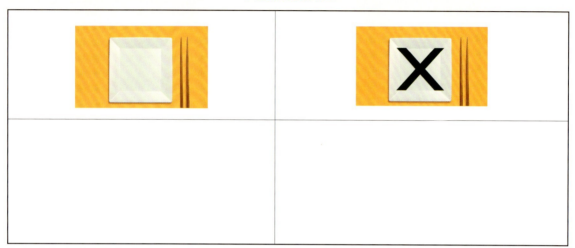

（贝芳英）

十八、集体活动 新编《拍大麦》

活动目标

1. 了解童谣的节奏，能根据节奏进行童谣创编。
2. 体验童谣创编的乐趣。

活动准备

经验准备：幼儿会唱童谣《拍大麦》，对童谣描述的情境有一定的了解。

工具和材料投放：《拍大麦》音乐。

活动过程

（一）谈话导入：回忆上周学过的童谣《拍大麦》

师：小朋友们，上周我们学习了一首关于大麦的童谣，你们还记得吗？我们一起来唱一唱吧！

（二）幼儿边唱童谣边拍手，熟悉童谣的节奏

（三）创编歌词

师：除了"拍大麦"外，我们还能做什么呢？除了做面粉外，麦子还可以用来做什么呢？

（四）基于新创编的歌词进行演唱

（五）根据新童谣玩童谣游戏

两人一组，游戏开始，两人边念儿歌边做动作。念"一箩麦"时，幼儿乙两手合拢，幼儿甲双手同时拂过乙的两手背。念"二箩麦"时，幼儿甲两手合拢，幼儿乙双手同时拂过甲的两手背；念"三箩开始拍大麦"时，动作同"一箩麦"。从"噼噼啪"开始至最后，两人边念儿歌边按节奏对拍：先自拍一下，然后用右手拍对方右手，再自拍一下，然后用左手拍对方左手，依次进行。

活动延伸

将新编的童谣《拍大麦》写在班级墙面上，鼓励幼儿根据生活经验创编童谣。

活动反思

本次活动是根据原有的童谣《拍大麦》进行歌词改编，通过在活动中渗透社会领域珍惜粮食的内容，引导幼儿在生活中珍惜粮食。因为幼儿对《拍大麦》比较熟悉，童谣游戏也是根据原本的游戏改编的，所以幼儿学起来很快，对《拍大麦》的歌词创编和玩新童谣游戏的兴趣也非常强。通过本次活动，幼儿对《拍大麦》这首童谣更加熟悉了，在积极参与童谣游戏的过程中进一步养成了珍惜粮食的好习惯。

活动附件

《拍大麦》（新编）

一箩麦，二箩麦，

三箩开始拍大麦。

噼噼啪，噼噼啪，

大家来打麦。

麦子好，麦子多，

磨面做馍馍。

馍馍香，馍馍甜，

爱惜粮食要牢记。

（程王祺）

十九、生活环节渗透　珍惜粮食

活动缘起

在午餐时，教师发现幼儿剩饭较多，经常会浪费粮食，于是开展本次生活环节渗透活动，让幼儿知道节约粮食的重要性。

活动准备

经验准备：幼儿有节约粮食的前期经验。

工具和材料投放：种植麦子视频。

活动内容和方式

教师与幼儿交谈,聊一聊粮食是怎么来的、麦子种植的过程、农民伯伯要做的事情,出示图片、视频等,让幼儿了解农民伯伯的艰辛。在午餐环节,教师提醒幼儿吃多少盛多少,不要浪费粮食。

活动中的指导

教师让幼儿观看视频,了解农民伯伯种植麦子的过程,体会农民伯伯的辛苦。

活动延伸

通过本次活动,让幼儿懂得节约粮食,并将节约的好习惯渗透到生活的方方面面。

活动反思

现在幼儿的生活条件都比较优越,加上受社会上铺张浪费等不良风气的影响,幼儿园里幼儿挑食、剩饭的现象比较普遍。针对这种情形,教师结合"拍大麦"主题活动,将"珍惜粮食"这一话题放在生活环节进行渗透,让幼儿了解粮食的来之不易,体验劳动的辛苦,养成不挑食、不浪费、珍惜每一粒粮食的好习惯。

(钱云云)

系列活动方案

⭐ 小人儿撑凉伞（中班）

一、集体活动　小人儿撑凉伞

活动目标

1. 熟悉歌曲旋律，能用桃源方言演唱歌曲。
2. 能边唱歌边做表演动作，按规则玩游戏，体验游戏的快乐。

活动准备

经验准备：幼儿会说基础性的桃源方言。

工具和材料投放：PPT课件、歌曲音乐。

活动过程

（一）图片导入，激发兴趣

1. 师：你在图片上看到了什么？
2. 师：下雨了，有个小姑娘在外面撑着伞烧火。
3. 师：小姑娘在哪里烧火？这个工具是什么？（灶头）
4. 师：小姑娘在下雨天撑着伞烧火，会发生什么事呢？这个故事就藏在一首好听的童谣里，我们来听一听。

（二）欣赏童谣，熟悉内容

1. 师：这首童谣是用什么话唱的？唱了什么内容？请你用桃源话来说一说。
2. 师：这首童谣叫作《小人儿撑凉伞》，我们一起再听一听。

3. 师：我还把这首歌做成了一张图谱，我们来看一看、说一说。

（三）理解图谱，学唱童谣

1. 师：现在我们跟着音乐轻轻地唱一唱。

2. 师：有没有哪一句是你觉得有演唱困难的？

3. 师：你最喜欢哪一句？我们一起再唱一唱。

（四）理解规则，共同游戏

1. 师：歌曲里的"开剥拳"是什么意思？原来是石头、剪刀、布的游戏。我们也来玩一玩吧，输的小朋友要按照游戏规则接受惩罚，别忘记还要用好听的声音来唱一唱。

2. 师：请你找到自己的好朋友，再跟着音乐玩一玩。

活动延伸

邀请幼儿再去音乐区唱一唱、玩一玩。

活动反思

活动开始，教师出示图片，请幼儿观察图片，并引导幼儿说一说图片中的内容，听一听童谣，初步感知童谣；紧接着通过演示图谱，让幼儿通过提问、讨论等方式记忆歌词，学习童谣，幼儿都能比较清晰地听出童谣所唱的内容，并能结合桃源方言进行演唱；最后通过游戏等让幼儿体验到童谣游戏的乐趣。整个活动的目标基本能达成，幼儿在活动中也表现得比较积极，不足的是对于个别桃源方言的发音还需要练习。

（顾雯怡）

二、集体活动 参观灶王爷

活动目标
1. 理解故事内容,初步感知故事中独特的中国民间传统文化元素。
2. 能大胆表达自己对灶王爷的看法。

活动准备
经验准备:幼儿了解过年的有关习俗,知道灶是什么。

工具和材料投放:PPT课件、绘本、各个时期灶的相关图片。

活动过程
(一)了解各种灶

1. 师幼解读绘本《灶王爷》的封面,感受绘本中的中国民间传统文化元素。

师:在封面上你看到了什么?这个故事应该发生在什么时候?你是从哪里看出来的?什么是灶?你看到过灶吗?

2. 幼儿观看图片,了解灶的外形特征、主要功能及灶在各个时期的不同形态。

师:以前的灶是什么样的?现在我们家里还有灶吗?它发生了什么变化?灶是用来干什么的?你觉得"灶王爷"这个题目可能讲了一个什么样的故事?

(二)认识灶王爷

1. 教师讲述故事起因。

师:灶王爷是谁?他为什么会成为灶王爷?

2. 幼儿观察画面,说说灶王爷的特征。

师:你觉得灶王爷是一个什么样的人?

3. 教师讲述绘本的前半部分内容。

师：故事中小朋友的家里发生了什么事情？你觉得灶王爷看到了会怎么想？

4. 幼儿自主阅读绘本的后半部分内容。

师：灶王爷哪一天"升天"？什么时候才能回家？他希望我们的家是什么样子的？

（三）说说灶王爷

1. 幼儿完整欣赏故事。

2. 幼儿自主表达对灶王爷的感受。

师：你最喜欢灶王爷的哪一点？为什么？

3. 小结：虽然灶王爷摆出一副不近人情的样子，但他其实是爱着大家的，他希望大家都是和和睦睦的，小朋友们都能好好地长大。

活动延伸

幼儿调查家中的灶台是什么样的。

活动反思

在本次活动中，教师通过《灶王爷》这个故事让幼儿感受中国民间传统文化元素。幼儿既了解了什么是灶，又认识了一位传说人物——灶王爷。活动以对古代的灶台和现代的灶台进行对比的方式，让幼儿知道灶台的作用，以及灶台的特征与不同之处，从而引出灶王爷的故事。对于这个故事，幼儿很感兴趣，但故事内容比较多，幼儿要学习的知识点比较多，如灶台及故事里的成语、词汇等，有些词汇幼儿不能理解，教师要做出详细的解释。

（邢雯雯）

三、参观活动 参观灶家浜

活动缘起

在进行谈话活动时,有幼儿说周末去了灶家浜,这引发了幼儿的积极讨论。大部分幼儿表示去过灶家浜,也有少数幼儿说没有去过。于是,大家讨论后,决定一起去参观灶家浜。

活动准备

经验准备:幼儿了解基本的交通规则。

工具和材料投放:地图、记录表。

参观对象和内容

幼儿向家长提起灶家浜,表示想了解灶家浜的趣事并去看看,用图文并茂的方式将自己所看到的记录下来。

参观前谈话

师幼聊聊出发前需要带些什么、怎么安全过马路,教师提醒幼儿要遵守规则,到了灶家浜后将所看到的记录下来,可以请大人拍照、自己画画记录等。

参观后汇总和讨论

1. 幼儿整理汇总参观时的问题,对共性问题进行分享和讨论。

2. 幼儿比对自己与同伴的答案是否一致,和同伴分享自己的答案。

活动延伸

活动结束后,幼儿一起讲讲参观灶家浜时发生的故事。

活动反思

幼儿想了解灶家浜的趣事,想去灶家浜看看,因此活动前进行了初步的谈话活动,通过商量、讨论、制作表格等方式进行了参观前的准备。教师、家长分别带幼儿走一走,并用文字、图片、视频等多种方式记录了参观过程。来园后，幼儿与同伴交流着自己的所见所闻，不断建构着新经验。

活动附件

灶家浜参观趣事记录表

灶家浜有什么？	参观时发生的趣事有哪些？

（王文华）

四、调查活动　小人儿撑凉伞

活动缘起

在初步学会唱童谣《小人儿撑凉伞》后，幼儿提出了很多问题：小人儿为什么要撑着伞烧火呢？怎么会又冷又热？"开剥拳"是什么意思？针对童谣里幼儿还不能理解的问题，教师决定再次开展调查活动。

活动准备

经验准备：幼儿能比较准确地演唱童谣。

工具和材料投放：调查表。

调查对象和内容

幼儿回家后向长辈询问《小人儿撑凉伞》中自己还不清楚及想要知道的趣事，请有经验的长辈进行解答并将其记录下来。

调查前谈话

师：虽然我们已经学会唱这首童谣了，但大家还有很多的困惑。请大家回去请教一下爸爸妈妈和其他长辈，问问他们是不是知道答案。请你们把问题和答案记录在调查表上，来园后和大家一起分享。

调查后汇总和讨论

1. 幼儿整理汇总调查来的问题，对共性问题进行分享和讨论。
2. 幼儿对比调查来的答案是否一致，和同伴分享。

活动反思

师幼一起设计了关于《小人儿撑凉伞》的调查表，希望通过家长资源解开更多童谣里的"秘密"，并请家长将这些发现和趣事都记录下来，引导幼儿对桃源本土童谣产生更浓厚的兴趣，并愿意用方言唱一唱童谣。在调查活动实施过程中，幼儿积极参与，能根据自身生活经验大胆分享，与同伴一起思考、交流、讨论，整个活动的效果较好。

活动附件

关于《小人儿撑凉伞》，你想知道什么？

对于《小人儿撑凉伞》这首童谣，你是不是有很多疑惑？你想知道什么呢？快和爸爸妈妈一起调查并记录下来吧。（如：小人儿为什么要撑伞？为什么又冷又热？）

（顾雯怡）

五、调查活动　灶头知多少

活动缘起

幼儿对童谣里的灶头兴趣很大。有一天,姚姚在游戏区"娃娃家"玩着煤气灶,学着扇扇火,其他幼儿看着很稀奇,就都围过来看她。姚姚连忙说:"我家乡下有这个,用柴烧火的,叫灶头。"幼儿的兴致顿时特别高……

活动准备

经验准备:幼儿参观过灶头,知道灶头的样子。

工具和材料投放:调查表。

调查对象和内容

幼儿回家后向长辈调查灶头是怎么搭建的及用什么搭建的。

调查前谈话

教师请幼儿回家后和家长去村里走访一些老人,问问灶头的起源、灶头是怎么搭的,以及灶头来自哪里,并请家长帮忙记录。

调查后汇总和讨论

1. 整理汇总调查来的童谣,组织幼儿进行分享。
2. 根据幼儿的兴趣,讨论、确定将要开展的活动的内容。

活动反思

幼儿在之前的活动中学习了童谣《小人儿撑凉伞》,初步知道了灶头是用来烧火的。但是,幼儿大多没有见过这些烧火工具。为了让幼儿更好地体验童谣内容,教师设计了本次调查活动,引导幼儿和家长一起去寻找灶头的奥秘,知道灶头的结构、搭建方法、历史文化等,帮助幼儿获得更多的经验。从调查反馈来看,幼儿收集得都很认真,大部分都通过网络资源、身边资源认识了灶头，知道了灶头的样子，了解了灶头的来源。活动也进一步激发了幼儿的好奇心和求知欲。

活动附件

《灶头知多少》调查表

灶头是什么样的？ （画一画）	灶头是用什么搭建的？ （写一写、画一画）	关于灶头，你想知道什么？

（沈　金）

六、收集活动　灶火童谣

活动缘起

　　童谣《小人儿撑凉伞》里有用灶烧火的情境，幼儿对此产生了浓厚的兴趣，提出了一些问题并表达了自己的想法：现在还有灶吗？还有其他的灶火童谣吗？他们想知道更多的灶火童谣。经过讨论后，幼儿决定回家问一问家长。

活动准备

经验准备：幼儿对灶有所了解。

工具和材料投放：收集表。

收集对象和内容

幼儿向家长收集有关灶火的童谣，念一念并将童谣记录下来。

收集前谈话

师：我们学习了童谣《小人儿撑凉伞》，知道了灶在以前是用来烧火的，所以称为灶火。小朋友们回家可以问问爸爸妈妈、爷爷奶奶知不知道关于灶火的童谣，学着念一念，然后记录在表格里带到幼儿园来跟大家分享。

收集后汇总、展示、交流和讨论

1. 整理收集到的童谣，请幼儿进行分享。
2. 展示童谣，选出幼儿喜欢开展的活动。

活动延伸

对收集到的灶火童谣进行整理，以图文形式装订并投放到语言区，让幼儿念一念。

活动反思

幼儿在学习了童谣《小人儿撑凉伞》后，对灶头烧火内容充满兴趣。在本次活动中，教师通过网络资源带领幼儿初步感知了灶头和烧火，幼儿想知道更多有关灶火的童谣。教师充分利用家长资源，通过填写调查表、谈话等多种形式鼓励幼儿和一起收集灶火童谣，激发幼儿持续探究童谣的兴趣，但在活动中发现幼儿对收集的童谣不是很了解，还需要对新童谣进行探究和学习。

活动附件

灶火童谣收集表

关于灶火的童谣还有哪些呢？			

（邢雯雯）

七、收集活动　烧火工具

活动缘起

当念到《小人儿撑凉伞》中的"烟么烟的来"时，幼儿对烟特别感兴趣。所以，教师根据幼儿的兴趣点生成了关于烧火工具的活动。

活动准备

经验准备：幼儿已经了解一定数量的烧火工具。

工具和材料投放：不同种类的烧火工具及其用途图片。

收集对象和内容

幼儿收集生活中的烧火工具，感受使用烧火工具的快乐，体验烧火的乐趣。

收集前谈话

教师请幼儿看一看烧火工具的图片，请幼儿选择一种烧火工具带到幼儿园，并介绍自己的烧火工具。

注意事项：幼儿拿烧火工具的时候要注意安全。

收集后汇总、展示、交流和讨论

幼儿讨论收集到的不同烧火工具，了解烧火工具的名称、用途、使用方法。

活动延伸

幼儿与其他小朋友一起尝试认识不同的烧火工具，并边念童谣边使用烧火工具。

活动反思

在本次活动开始时，教师通过请幼儿观察图片，引导幼儿说一说自己的发现，并初步了解日常生活中常见的烧火工具。为了达成活动的基本目标，教师用建构游戏的方式请幼儿建构自己喜欢的烧火工具，通过模拟烧火的游戏体验其中的乐趣。但是，模拟游戏并不能让幼儿真实地体验童谣情境，幼儿可以在家长的陪同下在家里体验烧火。

（李玲琴）

八、劳动活动　烧火

活动缘起

在音乐区念童谣《小人儿撑凉伞》、做童谣游戏时，有幼儿扮演小人儿烧火，其他幼儿看到后觉得很好玩，便加入进来做用嘴巴吹火、用手扇火的动作，一起玩起了烧火游戏。为了让幼儿体验烧火，知道面对火时应该要注意什么，教师收集好烧火工具后开展了实践活动。

活动准备

经验准备：幼儿知道户外烧火的相关注意事项。

工具和材料投放：火钳、打火机、木棍、秸秆、食材。

活动内容

教师帮助幼儿引火，引导幼儿观察并根据火势大小有序添加烧火材料。

活动前谈话

师：户外搭建了一个灶台，今天我们要去户外进行烧火，体验烧火。我们在烧火时一定要注意保护自己，不能玩烧火的材料，在烧火时不能离火源太近，也不能用嘴去吹火、用手去扇火，这些动作是很危险的。

活动中的巡回指导

1. 教师指导幼儿放烧火材料时拿着材料尾部。
2. 教师提醒幼儿不能靠火源太近。

活动后交流和讨论

1. 幼儿说一说烧火时的感受。
2. 幼儿讨论面对火时的自我保护方法。

活动延伸

在美工区提供轻黏土，让幼儿捏出烧火工具和材料，借助轻黏土创设烧火情境。

活动反思

对本次户外烧火活动，幼儿非常感兴趣，了解了烧火时的注意事项，有了初步的自我保护意识。在烧

火时，幼儿感受到了"烟么烟的来，热么热的来"。但是，有幼儿提出没有"冷么冷的来"的感觉。针对幼儿提出的问题，教师应该及时讲述《小人儿撑凉伞》中提到的"冷么冷的来"是在什么情况下发生的，帮助幼儿更好地理解童谣内容。本次活动给幼儿带来了户外野炊的乐趣，既让他们了解了烧火需要用到的材料及工具，也进一步让他们知道了以前在没有电器的情况下灶的作用。

（邢雯雯）

小鸡小鸭（小班）

一、集体活动　小鸡小鸭

活动目标

1. 喜欢童谣，乐意参与童谣游戏。
2. 学习两人合作游戏，体验合作的快乐。

活动准备

经验准备：幼儿认识并能区分小鸡、小鸭。

工具和材料投放：PPT课件。

活动过程

（一）游戏导入，引起兴趣

1. 师：小朋友们，徐老师和盛老师要一起玩个游戏，你们想看吗？
2. 两名教师一起边做游戏边朗诵童谣。

师：小朋友们，你们看到我们做了什么游戏吗？（出示《小鸡小鸭》课件PPT，请幼儿说一说）

3. 教师再表演一遍，速度慢一点。

师：我们俩玩了什么游戏呀？你们想玩吗？

（二）学习童谣《小鸡小鸭》

1. 幼儿先用桃源话一起念一念童谣。

2. 幼儿学习小鸡和小鸭的动作，边表演边学习童谣。

3. 个别幼儿上前与教师合作，边表演边朗诵童谣。

4. 教师鼓励幼儿合作，边表演边朗诵。

5. 师：小朋友们表演累了，该休息了！

（三）总结

师：小朋友们今天表演得真精彩！回家与爸爸妈妈一起玩一玩吧。

活动延伸

将《小鸡小鸭》童谣投放到语言区，让幼儿表演。

活动反思

活动首先以游戏的形式导入，让幼儿观看教师玩童谣游戏，用直观的形式吸引幼儿，幼儿非常感兴趣，也很想参与。根据幼儿已有的经验，教师引导幼儿说出小鸡、小鸭的基本特征及它们喜欢吃的食物，然后请幼儿用桃源话念诵童谣。由于班级里多数小朋友不会说桃源话，用桃源话朗诵童谣还是有一定难度的。在表演童谣时，幼儿积极参与，教师帮助幼儿学会两人合作游戏，体验念诵童谣的快乐。小班幼儿的创编能力不足，做动作时仍然模仿教师或同伴的动作，要多给幼儿创编的机会，让他们大胆表现自己。

活动附件

小鸡小鸭

小鸡小鸡叽叽叽，

逃来逃去吃小虫，啊呜。

小鸭小鸭嘎嘎嘎，

游来游去吃小鱼，啊呜。

（盛佳薇）

二、集体活动　设计新家

活动目标

1. 观察、讨论房子的基本结构，能用橡皮泥捏出小鸡、小鸭的房子。

2. 对泥工活动感兴趣，能用自己喜欢的材料进行想象装饰。

活动准备

经验准备：幼儿会用橡皮泥通过团、压的方法捏出一些物体。

工具和材料投放：红、黄、蓝等色的橡皮泥（较软），泥工板，冰棒棍，吸管，火柴棒，PPT课件，小鸡、小鸭玩具。

活动过程

（一）谈话导入，激发幼儿活动兴趣

师：小鸡、小鸭来到我们班级已经好几天了，但它们没有房子。没有家的小鸡、小鸭很不高兴，怎么办？我们今天就来用橡皮泥做出漂亮的房子，送给小动物做他们的家吧！

（二）出示图片，引导幼儿讨论房子的基本结构

1. 师：你见过什么样的房子？它是什么形状的？房顶是怎样的？（让幼儿初步了解房子的结构及房子的多样性）

2. 教师出示小鸡、小鸭的房子的图片，让幼儿进一步感受房子的构造，并重点引导幼儿观察房子的形状、色彩、花纹等。

（三）教师制作小鸡、小鸭的房子，引导幼儿欣赏范例

1. 师：这座房子是用什么做成的？它是怎样做成的？（让幼儿了解可以用橡皮泥通过团、压等方法捏出房子）

2. 师：这座房子漂亮吗？房子上有什么样的花纹？是什么颜色的？（引导幼儿感受房子的色彩和花纹的美）

（四）教师介绍制作材料，提出制作要求

1. 师：可以用橡皮泥在泥工板上通过团、压等方法做出想要的房子。可以用冰棒棍、火柴棒等材料为房子装饰花纹，让房子更加漂亮。

2. 师：看看谁做的房子最漂亮，并且和别人的不一样。

（五）幼儿制作，教师巡回指导

1. 教师引导幼儿大胆想象，做出和别人不一样的房子。

2. 教师指导幼儿注意色彩的变化和房子的形状。

3. 教师引导幼儿用橡皮泥搓出房子并进行装饰，指导幼儿用辅助材料（如吸管）等压出花纹，对房子进行装饰。

4. 教师指导能力弱的幼儿掌握团、压技能来捏出房子，并简单装饰。

（六）展示、评价作品，结束活动

教师将幼儿的作品摆放在展示台上，出示小鸡、小鸭玩具，以小鸡、小鸭参观它们的新家的形

式进行评析，鼓励幼儿自己介绍作品，并说出自己喜欢的作品。

活动延伸

教师引导幼儿去建构表征自己设计的房子。

活动反思

最后评价幼儿的美术作品时，有一部分幼儿的作品完成得不理想。但教师不应过分强调最终作品的完成，而应把重点放在活动过程上，应该看到幼儿在情感和表现上的差异，以积极的评价支持幼儿富有个性和创造性的表达，把每个幼儿的作品都展示在美术区，使每个幼儿都有成就感，从而不断激发幼儿对参与美术活动的兴趣和热情。这种个性化的、注重主体参与的评价方式有利于幼儿学会自尊自爱和尊重别人。

（沈建兰）

三、集体活动　喝搬家酒

活动目标

1. 了解喝搬家酒过程中的礼貌用语及正确的做客礼仪。
2. 能大胆交流和表达应该怎样扮演好主人与客人的角色，愿意与同伴分享经验。

活动准备

经验准备：幼儿做过亲子调查问卷，知道喝搬家酒的一些习俗。

工具和材料投放：自制请柬、糖果，情境创设（"娃娃家"游戏）。

活动过程

（一）问卷导入（说一说喝搬家酒的习俗）

1. 教师出示幼儿的调查问卷，请幼儿说一说喝搬家酒有哪些习俗。

2. 师：对了，喝搬家酒要给客人发请柬。你们看这是什么呀？（请柬）叽叽、嘎嘎今天给你们送来了请柬，它们搬新家啦！你们想去做客喝搬家酒吗？我们要帮叽叽、嘎嘎给客人准备些什么呢？

（二）观看喝搬家酒的视频（了解喝搬家酒的习俗——准备搬家酒）

1. 师：谁来说一说叽叽、嘎嘎需要准备些什么？

2. 小结：叽叽、嘎嘎需要给客人准备好美食、茶水，并装扮自己的新家（挂气球、准备迎宾签名墙、敲锣打鼓、放鞭炮）。

3. 师：老师来考考你们，去叽叽、嘎嘎家做客的时候，我们应该怎样做一个懂礼貌的文明小客人呢？

4. 师：真有礼貌，我们一起来跟它们说一说。

（三）玩情境游戏：喝搬家酒

1. 师：谁来扮演叽叽、嘎嘎？谁来扮演小客人？

2. 教师提前布置好搬家情境，幼儿分角色进入游戏情境玩"喝搬家酒"游戏，教师进行现场指导。

3. 师：我们的小观众来说一说，今天喝搬家酒的小客人有礼貌吗？为什么？

4. 师：你们觉得他们在游戏中有什么问题吗？我们可以怎么解决呢？

5. 教师小结。

活动延伸

师：过年后，我们幼儿园也要搬新家了，请小朋友们回家跟爸爸妈妈商量一下我们可以怎么来庆祝，以及需要给客人们准备哪些东西。

活动反思

在前期经验的铺垫下，幼儿讨论了自己对喝搬家酒的相关了解。在本次活动中，幼儿通过亲身体验感受到了喝搬家酒的乐趣。在一系列的活动参与中，教师清晰地了解到幼儿对于乔迁的经验点和兴趣点。幼儿在和家长一起查阅、记录的过程中，学习了科学的记录方法。在商量、讨论的过程中，幼儿主动联结前期在乔迁习俗调查中获得的经验。在准备搬家酒的忙碌过程中，幼儿快乐地参与着，就是活动的主人。

活动附件

关于搬家酒，我知道……

亲爱的小朋友们，小鸡、小鸭搬新家了，邀请我们帮忙准备搬家酒。关于搬家酒，你知道些什么呢？用图文形式记录一下吧！	
搬家需要准备什么？	做客人要注意什么？

（王金娟）

四、区域活动　我给小鸡、小鸭搭新家

经验联结

在开展"叽叽嘎嘎"生成活动的过程中,幼儿从家里带来了小鸡和小鸭,放到自然角饲养。在饲养的过程中,幼儿发现小鸡、小鸭住在纸盒里不太舒服,于是决定给小鸡、小鸭建一座房子。幼儿前期对房子有一定的了解,知道房子的基本结构,可以发挥自己的创造力用积木搭建房子。

活动目标

1. 能用各种盒子及辅助材料创造性地建构小鸡、小鸭的房子。
2. 能有自己的想象,根据提供的材料合作搭建房子。
3. 能大胆尝试,体验建构的乐趣。

活动准备

经验准备:幼儿有搭建的相关经验。

工具和材料投放:各种大小、形状不一的盒子,小鸡、小鸭,房子图片。

活动内容

1. 教师出示幼儿带来的小鸡、小鸭,激发幼儿建构小鸡、小鸭新家的兴趣。
2. 教师出示各种盒子及辅助材料,与幼儿共同讨论房子的基本构造。
3. 教师出示房子图片,让幼儿观察其造型,引导幼儿用简单的方法建构房子。
4. 幼儿介绍游戏材料,搭建房子。

活动要求

1. 教师鼓励幼儿用不同的搭建方法合作建造小鸡、小鸭的新家。
2. 根据游戏主题,幼儿尝试用不同材料,以拼、搭等形式搭建各种造型的房子。
3. 教师提醒幼儿整理剩余的游戏材料,按类摆放整齐,清理场地。

指导要点

1. 幼儿要选择自己喜欢的材料搭建自己喜欢的小鸡、小鸭的新家。
2. 幼儿要爱护盒子,轻拿轻放。

活动延伸

在搭建完小鸡、小鸭的新房子后,教师可以在后续的活动中引导幼儿继续完善房子,如给小鸡、小鸭的家搭建一个花园、一个泳池等。

（周文婷）

五、参观活动　参观农场

活动缘起

在观察小鸡、小鸭的过程中,有幼儿提问:"小鸡和小鸭这么可爱,会长大吗?长大后是什么样子的?"带着这些疑问,我们决定参观农场,看看小鸡、小鸭长大后的变化,同时培养幼儿热爱动物的情感。

活动准备

经验准备：幼儿对农场有一定的认识,对小鸡、小鸭长大后的样子感兴趣。

工具和材料投放：PPT课件、图片等。

参观对象和内容

幼儿参观农场,观察小鸡、小鸭长大后的样子和与小时候的不同之处,了解小鸡、小鸭的生活场所。

参观前谈话

1. 师：农场里住着哪些动物？小鸡、小鸭长大后和小时候有什么不一样的地方？如何分辨小鸡、小鸭？农场的环境是怎样的？

2. 教师提醒幼儿去农场参观时注意安全，不乱摸乱跑，避免受伤。

参观后汇总和讨论

结论：长大后的小鸡颜色变深了，公鸡有鸡冠，母鸡会下蛋。小鸭子喜欢游泳，小时候黄黄的羽毛褪去了，变成了大白鸭。母鸡、母鸭下的蛋可供人们食用，有丰富的营养。

活动延伸

幼儿讨论在农场里还能看到什么动物。

活动反思

由于受新冠病毒感染疫情的影响，幼儿没能到农场去实地参观，只能通过图片和视频了解农场的基本构造及小鸡、小鸭的生活场所。虽然不能实地考察，但是幼儿兴致依很高，通过观看视频，知道了小鸡、小鸭住所的区别，了解了小鸡、小鸭生活习性的不同。看到小鸡、小鸭长大后和小时候完全不一样时，幼儿感到很惊奇。根据最后的反馈，大多数幼儿都知道了公鸡、母鸡的不同之处，但是对于公鸭、母鸭还是有些区分不了。

（王怡萍）

六、调查活动　小鸡、小鸭吃什么

活动缘起

自然角来了几只小鸡、小鸭，小鸡、小鸭吃什么呢？幼儿通过家长资源、绘本资源、网络资源来调查小鸡、小鸭吃什么。

活动准备

经验准备：幼儿初步了解小鸡、小鸭的一些生活习性，知道它们吃的食物是不一样的。

工具和材料投放：虫子、大米、小鱼、小虾等的图片。

调查对象和内容

幼儿向家庭成员或饲养员调查了解小鸡和小鸭吃什么食物，并用图文形式记录下来，带来幼儿园和其他小朋友一起分享。

调查前谈话

师：小朋友们，小鸡和小鸭喜欢吃什么食物？我们可以向爸爸妈妈了解，也可以通过故事书、网络找出小鸡、小鸭喜欢吃的食物。请小朋友们用图文的形式填写在记录表上吧。

调查后汇总和讨论

幼儿交流讨论，整理汇总调查结果。

活动反思

有些动物是人类的好朋友，尤其是小班幼儿很喜欢接近小动物。幼儿对小鸡和小鸭吃的食物非常关心。在认真完成调查表后，通过讨论，幼儿了解到小鸡、小鸭喜欢吃什么，以及小时候和长大后分别吃什么，并且知道了小鸡和小鸭吃的食物是不同的，从而萌发出关爱小动物的情感。但是活动也存在一些不足，如只调查了食物信息，没有收集食物。如果让幼儿带来食物对小鸡、小鸭进行喂养，验证它们最爱吃的食物是什么，可能效果会更好。

活动附件

小鸡、小鸭食物调查表

种类		
食物		

（徐　亚）

七、收集活动　造房子的材料

活动缘起

可爱的小鸡、小鸭作为客人来到了班级中，在幼儿高兴地欢迎完它们之后，一个新问题出现了。有幼儿问："小鸡和小鸭要住在哪里呢？"基于这个问题，我们进行了本次调查活动，目的是帮助幼儿认识房屋建造的常见材料，以及收集搭建小鸡、小鸭的房子的材料。

活动准备

经验准备：幼儿知道建造房屋需要不同的材料。

工具和材料投放：塑料、木头、石头、泥巴等。

收集对象和内容

幼儿利用身边的资源收集生活中常见的建筑材料，标记好名字后带来幼儿园，作为后期的实践材料。

收集前谈话

师：小朋友们，我们可以用什么材料来给小鸡、小鸭造房子呢？我们可以去哪里找这些造房子的材料呢？请把你收集到的材料标记好带到幼儿园来，注意不要带太重、太尖利的东西。

收集后汇总、展示、交流和讨论

教师请幼儿们展示带来的材料，说说为什么带这种材料来，以及这种材料可以用在房子的哪个部位。教师组织幼儿讨论材料的功能，让幼儿看一看、摸一摸整理收集到的多种材料。

活动延伸

幼儿集体讨论小鸡、小鸭会更喜欢用什么样的材料造出来的房子。

活动反思

本次活动借助幼儿喜欢收集东西的特点，从"小鸡小鸭"的主题中引申，综合利用幼儿园资源和家庭资源，促进家园合作共育，让幼儿从贴近日常生活的内容方面（衣、食、住、行）充分体验帮助小鸡、小鸭的乐趣。活动开始后，幼儿对自己能帮助小鸡、小鸭盖房子这件事感到十分激动，对于收集建筑材料反应积极，热情地介绍自己带来的材料是什么，并讨论它们能用来做什么。师幼一起动手，既满足了幼儿自我表现的需要，增加了师幼互动的经验，提高了幼儿的参与感，又促进了幼儿的记忆、想象、思维能力的发展，更增强了幼儿的语言表达能力。但在活动中，幼儿过于激动，现场比较吵闹，教师应该调整活动的组织结构，引导幼儿更舒缓地释放情绪。

（周　晔）

八、劳动活动　造房子

活动目标

1. 探索材料的多种用途，自主选择材料和工具，运送材料，造房子。
2. 能和同伴合作，感受与同伴一起游戏的快乐。

活动准备

经验准备：幼儿观察过房子。

工具和材料投放：建筑用砖、泡沫垫板、积木等。

活动过程

（一）"母鸡运蛋"游戏导入，激发幼儿兴趣

1. 师：昨天晚上，一阵大风把鸡妈妈家的房子给吹倒了，还好蛋宝宝一个也没碎。鸡妈妈家附近有只坏狐狸，专门来偷蛋，鸡妈妈连忙去造了一座新房子。今天我们就帮鸡妈妈把蛋宝宝运到新房子里，好吗？天气这么冷，为了让蛋宝宝不受凉，我们可以把它藏到腿中间，然后再一下一下地往前跳着走，把蛋送到安全的地方藏起来。谁愿意来试试？

2. 个别幼儿示范练习，教师讲解并做小结。

3. 幼儿集体练习。

（二）组织幼儿做动作练习，学习用工具运送材料

1. 幼儿自由分组，选择需要的材料尝试行走运送，强化安全意识。

2. 幼儿交流：用了哪些方法和工具运送建筑材料？一次运几块砖？受伤了吗？怎样避免受伤？

（三）小组游戏，合作造房

1. 教师提出要求，强调协商合作。

2. 小组商议需要的材料和工具。

3. 幼儿分工合作造房子。

活动反思

本次活动先组织幼儿进行谈话，让幼儿说一说造房子需要的材料。在前期经验的铺垫下，幼儿不仅能说出需要的材料，还能说出材料的用途。通过讨论，幼儿自主选择砖块、水泥和稻草来造房子。但是，造房子对小班幼儿来说有一定难度，于是教师邀请了水泥匠叔叔来造房子，幼儿搬运材料协助水泥匠叔叔完成造房子。通过此次活动，幼儿体验到了合作的喜悦。活动的调整建议是让幼儿自己设计小鸡、小鸭的房子造型，然后根据设计完成建造。

（沈建兰）

单个活动方案

一、集体活动　卖糖粥（小班）

活动目标

1. 学习本土童谣，对本土童谣感兴趣。
2. 感知节奏的变化，并能区分普通话和方言。
3. 在活动中体验童谣游戏的乐趣。

活动准备

经验准备：幼儿知道糖粥是什么，有用方言念唱童谣的经验。

工具和材料投放：PPT 课件、音乐。

活动过程

(一) 故事导入,激发兴趣

1. 师:今天老师给小朋友们带来了一个故事,我们一起来听一听吧!(教师讲述故事)

2. 师:故事听完了,故事中的老爷爷遇到了什么困难呀?你们愿意帮助老爷爷吗?

3. 师:请小朋友们想个办法,帮助一下老爷爷吧!(幼儿自由论述)

4. 师:小朋友们都很棒,老师也有一个办法。我们唱一首童谣,学会了之后帮老爷爷吆喝吆喝,让更多的人知道老爷爷的糖粥,好吗?

(二) 完整欣赏童谣,感知音乐的节奏变化

1. 教师清唱童谣,幼儿聆听,感受普通话和方言的不同。

师:童谣听完了,你们发现老师唱童谣的时候有什么不一样的地方吗?老师唱歌的时候是用普通话唱的还是用桃源方言唱的?

2. 师:接下来,你们愿意跟老师学一下这首不一样的童谣吗?

(三) 幼儿学唱童谣,并根据图谱理解歌词内容

1. 教师带领幼儿跟随音乐进行学习。

师:在这首童谣中,你们听到了什么?(核桃、壳、张伯伯)

2. 教师出示图谱,帮助幼儿理解歌词内容并进行学唱。

3. 幼儿完整演唱童谣。

(四) 延续故事情境,进行音乐游戏

1. 师:小朋友们都非常棒,已经把童谣学会了,那么接下来我们就去帮助老爷爷吧!(幼儿唱童谣)

2. 师:你们真的太棒啦!老爷爷的店门口来了好多顾客啊!谢谢你们帮助老爷爷!

活动延伸

幼儿回家后把这首不一样的童谣唱给爸爸妈妈听,让爸爸妈妈也学一学这首好听的童谣。

活动反思

本次活动贴近生活,让幼儿用熟悉的桃源方言唱童谣,幼儿感觉很亲切。对于这首独特的童谣,由于语言的切换,教师在组织活动时担心幼儿听不懂。但惊喜的是,幼儿也能够跟着教师的叙述进入到情境中,并没有因为语言而影响到活动效果。在整个活动过程中,幼儿完全沉浸在故事情节里,为了帮助老爷爷,都很努力地在学唱童谣。童谣生动有趣且富有节奏,幼儿学得很快。在最后的集体演唱环节,幼儿情绪高涨,为了帮老爷爷多吸引一些顾客,都在很大声地吆喝,从歌声中我们可以感受到幼儿的热情与天真。

活动附件

卖糖粥

笃笃笃,笃笃笃,老姆爸卖糖粥。

三斤胡桃四斤壳,好呀好吃来。

吃那肉,还那壳。

张家老姆爸,明早还来哦。

笃笃笃,笃笃笃,老姆爸卖糖粥。

三斤胡桃四斤壳,好呀好吃来。

(沈 金)

二、集体活动 起个五更头（中班）

活动目标

1. 理解童谣的内容，并能够用桃源方言进行演唱。
2. 愿意参与音乐童谣游戏，感受本土童谣的魅力，体验游戏的乐趣。

活动准备

经验准备：幼儿知道一些桃源方言词汇。

工具和材料投放：PPT课件、图谱、视频、音乐。

活动过程

（一）故事导入，激发幼儿兴趣

1. 师：小朋友们，老师今天给你们带来了一个故事，你们想听吗？

2. 教师讲述故事内容：有一位老爷爷，早上五更天的时候就起来了，他准备到街上买鱼头。老爷爷买到了鱼头，走到河边，准备洗鱼头。这时候，有只猫咪来了，猫咪探出了头，想偷鱼头，老爷爷发现了以后，赶走了猫咪。

（二）以击鼓传花的方式熟悉歌曲

1. 师：这个故事啊，变成了一首好听的童谣，名字叫《起个五更头》，我们尝试着听这首童谣来玩一玩击鼓传花的游戏好吗？你们也可以轻声跟着唱一唱，接到花的小朋友可得说一说你从这首童谣里都听到了什么！（鼓励幼儿用桃源方言说出来）

2. 教师播放音乐，进行游戏。（游戏玩三四遍）

（三）以翻牌游戏的形式熟悉歌词

师：刚刚我们已经玩了好几遍游戏了，现在要考考你们有没有把歌词给记住了。

教师出示PPT课件，进行翻牌游戏，引导幼儿说出"五更头""鱼头""河头""猫头""拳头""汏"等词语的桃源话。

师：小朋友们可真棒，把卡片后面的歌词都找到了呢！现在请一个小朋友边听歌边把歌词重新排列一下顺序吧！

（四）根据图谱内容，学唱歌曲并分组演唱

1. 师：你们真厉害，已经把图谱重新排列好了，那我们就根据图谱的内容来唱一唱吧！（带领幼儿一起歌唱）

2. 分组演唱。

师：现在我们分为男生组、女生组，看看哪一组唱得最好听。

（五）快乐游戏，感受童谣的乐趣

1. 师：看来小朋友们都学会这首童谣了。你们知道吗？还可以根据这首好听的童谣玩游戏呢！我们一起来看看是怎么玩的吧！（播放视频）

2. 幼儿自由探讨游戏规则，并对视频中的游戏进行动作创编。

3. 教师邀请一名幼儿与自己进行示范游戏。

4. 幼儿两两合作玩游戏。

活动延伸

师：你们今天玩得开心吗？我们把好听的童谣和好玩的游戏带回家分享给爸爸妈妈，和他们一起再唱一唱童谣、玩一玩童谣游戏好吗？

活动反思

在活动中，大部分幼儿都理解了童谣的内容，能用自然的声音来演唱，并且积极地参与了游戏。但是在学唱方面，部分幼儿对桃源方言不熟悉，也不大会说，说的都是桃源方言夹杂普通话，后期教师可以在餐前或午睡起床时多播放童谣音乐，给幼儿创设倾听学习的机会。

活动附件

起个五更头

起个五更头，上街买鱼头，

到河头，汰鱼头，猫头偷鱼头，拳头打猫头。

（吴佳敏）

三、集体活动　蚊子叮（大班）

活动目标

1. 在游戏情境中熟悉旋律，尝试用桃源方言唱童谣，萌发热爱家乡的情感。
2. 探索"蚊子叮"游戏的玩法，享受本土童谣带来的快乐。

活动准备

经验准备：幼儿有模仿动物和用方言念唱童谣的经验。

工具和材料投放：PPT课件、《蚊子叮》音乐、蚊子的图片。

活动过程

（一）游戏导入，激发兴趣

1. 师：今天我带来了一个动物朋友和大家一起做游戏。它是谁呀？
2. 师：小朋友们围成圈坐好，"小蚊子"传到谁手里就请谁模仿一下蚊子的动作或声音。

（二）展示图谱，学习童谣

1. 师：阿依哇！（看幼儿能否回答出，若不能回答出就自然接下去）做啥啦？小朋友你们猜猜发生了什么？

2. 师："阿依哇！做啥啦？有只蚊子咬恩嘚。"你知道这句话是什么意思吗？对呀，意思是有只蚊子咬我了。"快点快点逃上来，啦啦啦啦啦啦啦。"

3. 这是一首好听的童谣，名字叫《蚊子叮》。看，这里有一张图谱，我们一起来说一说吧！（出示图谱）

（三）欣赏歌曲，学做动作

1. 师：我还给这首童谣加上了好听的音乐，请你来听一听！（教师范唱）

2. 师：小朋友们，这首《蚊子叮》好听吗？你们想来一起玩吗？来，那我们把小手伸出来。"蚊子咬一口"怎么咬呢？会唱的小朋友轻轻地一起唱吧！（幼儿唱第一遍童谣）

3. 师：你们发现了吗？最下面的这只手好痛啊，什么时候最下面的手要逃上来呀？我们再来玩玩看！（快点快点逃上来）（幼儿唱第二遍童谣）

（四）自由探索玩法

师：请你们和好朋友一起玩一玩这个游戏吧！大家要一起唱出来！轻轻地起立，去找你的好朋友面对面站好，然后商量一下吧！都商量好了吗？蚊子叮住就不能动了，准备好了的话，我们就要开始做游戏了。（教师拍摄幼儿游戏的照片）

（五）介绍自己的游戏玩法（邀请幼儿上来示范）

1. 师：你们刚刚只用两只手来玩这个游戏，这个玩法是可以的，还有其他的玩法吗？（引导幼儿两两合作）能不能把你们另外的两只手也加进去试一试？

2. 师：哦！你们是这样玩的，大家看得清楚吗？那我们一起来看看照片上的小朋友是怎样玩这个游戏的？（介绍几种不同的"蚊子叮"游戏的玩法）

3. 师：他们是四只手叠加来玩这个游戏的，这样四只手叠加玩的时候，哪只手要逃上来呀？（最底下的那只手"飞"到最上面，强调两名幼儿合作时最底下的手变成蚊子）

（六）增加游戏人数来玩一玩"蚊子叮"游戏

1. 师：除了可以两个人玩这个游戏外，还可以几个人玩这个游戏呢？（幼儿自由回答）刚刚我们是两个小朋友一起玩的，我们来试试三个人一起玩吧！

2. 师：哦，我们还可以这么多人一起玩，那我们再去找一位客人老师来和我们一起玩游戏吧！准备好了的话，蚊子叮住就不动了！（放音乐）

3. 师：小朋友们，问问客人老师好不好玩。好了，我们和客人老师说再见吧！

活动延伸

幼儿回到教室和好朋友再玩一玩这个游戏。

活动反思

在活动过程中，教师以击鼓传花游戏进行导入，这样可以充分调动幼儿的积极性。教师在设计目标时也更改了传统音乐活动的设计观念，让幼儿在玩中学，在乐中学，在游戏中探索，在游戏情境中熟悉旋律，尝试用桃源方言唱童谣。在活动过程中，教师还采用多元化教学手段，及时将幼儿探索玩法情形拍摄下来并展现在幼儿面前，以提高幼儿的参与性与创造性。

活动附件

蚊子叮

阿依哇！

做啥啦？

有只蚊子咬恩嘚，快点快点逃上来，啦啦啦啦啦啦啦。

（倪佳雯）

活动叙事

⭐ 亲爱的小麦苗（中班）

一、缘起

伴随着"麦子熟，麦子香，磨面做馒头"的童谣声，孩子们对于麦子的探究开始了。一个游戏，一个事件，一片树叶，一只瓢虫，都可能成为孩子们津津乐道的话题。课程是孩子们前进路上的脚印，无论孩子们走向哪里，总会留下深深浅浅的印迹。而教师则追随着孩子们的脚步，倾听着孩子们的心声，手牵着手地带着孩子们探究未知。经过引导，他们对麦子长什么样及麦子能做什么充满探究兴趣，纷纷表示要马上开始探究之旅。

二、问题收集

经过之前几年的熏陶，孩子们对桃源童谣已经有了一定的了解。今天听到了新的童谣《拍大麦》，孩子们在学习过程中围绕这首童谣产生了很多问题。

问题一：麦子长什么样呀？

桃源本地的孩子是较少见到麦子的，因为他们的主食是大米，面粉的食用范围较小。

问题二：麦子是大米吗？

孩子们在田野里看到最多的还是水稻。有个孩子还和水稻合了影，兴高采烈地告诉大家："我和麦子合影了!"后来,大家才知道原来那个不是麦子而是水稻。孩子们通过辨别才知道,原来大米和麦子有明显的区别。

问题三:麦子为什么能做馒头?

平时吃的包子、馒头都是用麦子做的,那是怎么做的呢?孩子们也不知道。因为平时见到的基本都是成品,他们很少自制。

有了这么多问题,接下去自然就是去探索了。虞永平教授说:"课程就在儿童的生活中,就在儿童的行动里,就在发现和解决问题的过程中。"而探索未知的过程也是积累经验的过程。对于孩子们来说,好奇正是学习的第一步。

三、观察记录

(一)麦子种下去了

学完《拍大麦》之后,孩子们七嘴八舌地问了很多问题。悦涵摸了摸小鼻子,说:"老师,我们可以自己种麦子呀!"孩子们一听,纷纷附和:"对呀,还可以做馒头呢!"

铭瑞却说:"但我们现在没有麦种呢!""我们找找之前收集的种子,说不定里面有麦种呢!"吴老师说。孩子们都激动了起来。最后很幸运,孩子们找到了一包没有加工过的麦种。"哇,原来麦子长这样啊!"教师又找到一些大米让孩子们与麦子做比较。孩子们都没有种麦子的经验,于是又通过网络来了解种植方法,发现有土培和水培两种方法,孩子们都想尝试,麦子观察之旅就开始了。

在种植过程中，孩子们感受植物的生长变化，并体验自己动手的乐趣和成功的喜悦，同时对大自然保持好奇心和探究欲望。孩子们对收集来的麦子进行选种，通过两种不同的种植方式来观察麦子的生长变化。

（二）我会照顾麦子

麦子种下去之后，孩子们一天要跑去观察麦子好几次。有些孩子好奇地询问："老师，麦子什么时候发芽呀，快给我看看！"

一天，孩子们来到幼儿园，第一时间就跑去观察种在外面的麦子。梓冉说："老师，昨天天气这么冷，小麦会不会被冻坏呀？"

老师说："你说得有道理呀，那你有什么好方法可以帮助麦子保暖吗？"梓冉说："我们可以用泥土给麦子盖上一层被子呀！这样它们就不会冷了！"孩子们都没有趁手的工具，只是拿了小勺子来挖泥土，最后还给麦子浇了水。

土培的麦子在第三天才开始发芽，而水培的麦子在第二天就长出了黄色的小嫩芽。但到了第五天，土培的麦子和水培的麦子的生长速度变得差不多，甚至土培的麦子的生长速度更快一些。当然小麦的生长速度也与温度、湿度、光照有关，并且土培和水培的种植环境稍有不同，一个在室内遮光处，一个在露天。

（三）麦苗比一比

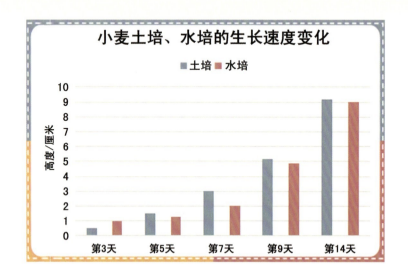

麦苗渐渐长大，长出了叶片，长出了根须，怎么比一比两种用不同方式种植的麦苗的长短呢？悦涵说："可以用直尺量一下哪个长哪个短就知道啦！"

"老师，我觉得用手指就可以量呀！"陆何眼睛亮亮地说。老师说："对呀，这也是一个方法。这里有很多测量工具，你们选择一样去量一量吧！"

"我喜欢这个长长的尺子，我看到爸爸用过。"皓轩选了卷尺。教师问："那你知道它叫什么名字吗？"他想了一下说："长尺，它有一个房子这么长！""不对，我知道这叫卷尺。"宇浩急切地站了起来，告诉大家正确答案。

（四）亲爱的小麦苗

从水培小麦开始已经过了两个多星期，麦苗也已经长得有小朋友手掌那么高了。在调查中，孩子们知道这些嫩嫩的麦苗可以用来制作麦芽糖。于是，我们就开始了麦芽糖的制作。

"老师，我看到里面有黑黑的东西。"苏浩观察得很仔细，他发现麦苗被拔起来的时候，其根部有一些黑色的东西。"真的吗？我也要看看！"卓尔也凑过来看。孩子们有点担心在这样的情况下还能不能制作麦芽糖。

"小朋友们，原来种植麦子这么不容易，我们平时要怎么做呀？""我知道，不倒饭。"俊麒大声地喊着。孩子们都叽叽喳喳地表示以后要珍惜粮食，珍惜农民伯伯的辛苦劳作。最后，他们利用网络资源了解到麦苗根部黑色的东西是霉菌，存在于很多水培植物上。幸好我们做了两手准备，事先在网上购买了麦芽糖。孩子们吃着甜甜的麦芽糖，顺楠和心怡两个女孩子在玩"拍大麦"游戏。趁着这个机会，老师请孩子们找到自己的好朋友，玩起了新编的《拍大麦》游戏。"麦子好，麦子香，磨面做馍馍。馍馍香，馍馍甜，爱惜粮食要牢记。"伴随着朗朗的童声，我们和亲爱的小麦苗也暂时说了再见。

（五）我们种了一块麦田

建构区里的孩子拿了很多材料，有雪花片、长木板积木、纸筒、木头积木甚至柏树树枝等。"老师，我们想要搭麦田。"悦涵和瑾诺拿着长木板积木围在老师身边一起商量着。

"那你们有见过麦田吗？"老师反问她们。瑾诺沉思了一

会儿,和悦涵两个人相互看了看,然后摇了摇头。"那我们先来看一看图片和视频吧!"

看完之后,他们商量了一会儿。悦涵说:"我觉得我们还需要一些小雪花片作麦子,然后撒在田里。"老师说:"你可以把你的想法和同伴交流一下,看看大家是不是都同意。"没想到听她这么一说,其他孩子迫不及待地搬出了一箩筐雪花片。在悦涵的指挥下,孩子们有的打田埂,有的建马路,有的撒麦种……他们忙得不亦乐乎。

(六)我们收获啦

在建构区"撒麦种"后,孩子们又有了好想法。陆何说:"老师,我家里的花瓶里有黄黄的麦子,我可以把它们带来幼儿园做游戏呀!"老师说:"那你可以想一想怎么玩哦!"坐在陆何旁边的心怡想出了一个好办法:"我们可以收麦子呀!""对呀,插在松松的沙子里就可以了。"陆何又有问题了:"但是沙池那么大,我们只有一点点麦子。"娅铜一边往沙子里"种麦子",一边说:"没关系的,我们种在角落里就可以了。"

于是,孩子们开始玩收麦子的游戏。门卫叔叔说:"原来你们是在收麦子呀!""对呀。叔叔,我们收麦子来磨面做馒头!"正弯腰收麦子的陆何抬起头来回复。"那你们做好馒头可以给叔叔品尝呢!"

(七)磨面做馒头

通过演唱童谣,孩子们已经知道了麦子可以被磨成面粉,做馒头。他们还找来了一个石磨,要当场进行碾磨。孩子们纷纷撸起袖子准备磨面,但是收集到的麦子数量太少,水培和土培的已经用掉了一大半,怎么办呢?

皓轩举高了小手,大声说:"老师,我知道超市里有面粉。""对,我和奶奶一起去买过!"孩子的做馒头活动又需要家长们的帮助了。"好,那小朋友们可以带点面粉来,我们一起来做馒头。"

将面粉和水在盆中搅拌，一个个小面团就做好了，孩子们非常想体验一下做馒头的快乐。乾海慢吞吞地说："老师，我想做一个毛毛虫，可是……"他偷偷看了看其他小朋友，有点不好意思地说："可是好黏啊，我搓不动。""那我们来帮你。"旁边的皓轩和娅铜刚做好自己的馒头，马上就热情地去帮助乾海了。

（八）用麦秆吹泡泡

收集来的调查表显示，麦子可以用来磨面粉，麦秆可以被利用起来做游戏。当得知可以拿麦秆来吹泡泡时，孩子们非常激动。

"哎呀，我的麦秆不小心被压扁了！"俊麒皱着眉头将碎掉的麦秆递给老师。"没关系，你再拿一根麦秆吧。"小朋友们走到户外，铆足了力气开始吹泡泡。可奇怪的是没有一个个泡泡出来，宇浩挠了挠脑袋说："是不是我们用的力气太大了呀？我的泡泡还没出来就破了。"听了他的话，其他小朋友也都尝试轻轻地吹。不一会儿，新博跑过来说："老师，你快看，我的泡泡在里面好像一个冰激凌啊！"陆何说："哈哈，我的大泡泡像一个按钮！"阳光折射在泡泡上，里面出现了一条条小彩虹。

（九）麦秆制品

"哇！"一幅幅精美的麦秆画呈现在孩子们面前，他们纷纷发出了惊叹。原来麦秆不仅可以用来吹泡泡，还可以用来制作麦秆画或麦秆工艺品。孩子们在制作之前欣赏了很多优秀作品，都有了一个目标。

"老师，这个麦秆好硬，我掰不动！"新博拿了一把麦秆，准备折起来变成稻草人的身体，但是麦秆太硬。老师鼓励道："这样一把一起折有点困难，那你想想其他办法，可以一点点慢慢来。"宇浩马上接话说："对呀，我就是一根一根折的，你像我这样。"宇浩一边说一边示范。把麦秆折弯之后，问题又来了。悦涵拿着麦秆说："老师，我不会绑这个麻绳。"老师给孩子们示范了好几遍绑麻绳，但是当他们实际操作时还是有些问题。宇浩将绳子绕了几圈，最后绳子还是散开了。卓尔会打结，但是没有用麻绳将麦秆系紧，最后还是让麦秆滑落了出来。

发现小朋友们在打结方面存在问题，当天区域游戏结束后，老师在游戏点评时询问谁会打结。这个打结不单单是在活动中会用到，在日常生活中也会用到，如系鞋带、系卫衣带子等。当发现班级中有较多孩子没有掌握这项技能时，第二天老师就在生活区提供了一些绳子和麦秆，让小朋友们多练习打结。除了提供绳子外，还提供了一次性皮筋，用来让女孩子练习扎辫子。

四、观察分析

本次生成活动是从《拍大麦》这一童谣生发出的。童谣既是一种社会资源，又是一种传统文化资源。本次的生成活动时间短暂，但是幼儿和童谣、麦子麦苗的故事还在继续。在此次生成活动中，幼儿和教师都收获颇多。

（一）教师的收获

收获一：从童谣活动的开展到课程的建构支撑，需要一双发现课程的眼睛。幼儿的兴趣点具有随意性和不可定性，教师一般只是掌握了课程的基本走向和方法，具体的内容需要按照幼儿的意志来填充。兴趣是最好的老师，这是亘古不变的真理。当幼儿对某件事感兴趣时，他们就会非常热衷于这件事，不断发现问题，并尝试解决问题。因此在生成活动中，最重要的就是寻找幼儿的兴趣点和探究愿望。

收获二：课程的探究需要材料的支撑。教师发现课程后需要马上联想到资源的收集，要充分运用家长资源和网络资源为课程添砖加瓦，打下课程开展的良好基础。

（二）幼儿的收获

收获一：亲身体验，增长经验。在课程开展期间，幼儿对麦苗、麦秆的了解逐渐加深。特别是在压麦秆的环节，每个幼儿都想尝试，这是受探究欲望的驱使。孩子们通过亲自体验，获得了新经验。

收获二：参与探究，提升学习品质。通过填写调查表的形式，让每一个幼儿和家长都参与课程，并做课程的主人，掌握课程的活动设计。这样可以形成家园合力，培养幼儿参与探究、喜欢探究的科学精神，共同为幼儿的身心健康发展奠定良好基础。

收获三：学会合作，启发思考。在制作麦秆画的环节，一组幼儿共同完成一个作品，学会合作。教师用以点带面的形式让幼儿多探究、多思考，并在探索活动中与同伴合作，培养合作意识。

五、研究策略

（一）直观法

将《拍大麦》这一童谣资源转换为幼儿能看到、摸到、体会到的真实事物，这是视角的转变。真实的体验更能刺激幼儿感知新事物，勇于尝试。幼儿运用多种感官，如嗅觉、触觉、视觉等去感知麦子、麦秆、麦苗的特性，在认知的基础上逐步形成概念。

（二）运用追问法提升幼儿的思维能力

当幼儿对一件事表现出兴趣后，教师要马上抓住这个教育契机。《3—6岁儿童学习与发展指南》指出，"要珍视游戏和生活的独特价值，创设丰富的教育环境，合理安排一日生活，最大限度地支持和满足幼儿通过直接感知、实际操作和亲身体验获取经验的需要"。

（三）积极回应

教师运用谈话活动，提升幼儿的直接经验，丰富他们对于新事物的认知。幼儿在活动过程中表现出来的积极的学习态度和良好的行为倾向是其终身学习与发展所必需的宝贵品质。因此，在幼儿园的一日生活环节，教师会和幼儿讨论接下来该怎样做，为下一步的知识架构打好基础。

（四）多媒体的运用

教师运用网络资源对麦子的概念进行深入分析，并将其直观呈现在幼儿面前，激发幼儿对于新事物的认知，增加幼儿的生活经验。幼儿是在品尝小麦制品的过程中发现饼干、蛋糕、馒头等都是由麦子制作的，大大拓展了经验认知。

（五）整合法

教师充分调动家长资源，让家长参与到课程生成中来。特别是在收集和调查环节，更是借助了家长资源的优势，将其在农村生活的种植经验借鉴了过来。这样的家园联系，让幼儿的知识结构有了一个整全的连接，而不是断裂的。

（六）实验法

幼儿通过自己的调查归纳了麦子、麦秆的作用后，教师及时运用实验法，对幼儿的想法进行一一验证。比如，在种植麦子、测量麦子、用麦秆吹泡泡和制作麦秆画等活动中，教师让幼儿去检验自己的调查结果。实验法更强调幼儿的亲自动手，因此在活动中教师让幼儿都有操作的机会，更在实验结束后引导幼儿自己归纳实验结果，体验成功的喜悦。

六、活动反思

　　本次活动由于时间关系留有一些遗憾。因为麦子的生长周期较长，大约需要 200—220 天，所以幼儿的观察停留在麦子生长初期阶段，暂时没办法经历麦子收获、脱粒，用麦秆做化肥等后续的系列活动。但是，通过网络资源，幼儿了解了大概的过程，并通过家长的帮助，基于兴趣开展了很多关于童谣《拍大麦》的活动。在活动开展过程中，培养幼儿好学好问、勇于探究和实践的精神。比如在麦子刚开始发芽的观察阶段，他们基本上天天都要询问一遍麦子的情况，但是慢慢地，当小麦的变化不再很大时，幼儿的兴趣点就转移了。这个时候，教师就要思考如何将幼儿的关注点重新转移到《拍大麦》上，从童谣中继续寻找新的切入点。在这样的情况下，教师通过幼儿对于游戏的热爱，寓教于乐，将麦秆这一实物引入课程，为童谣这一主题活动增加一种新的玩法和游戏形式。

　　《亲爱的小麦苗》这个故事的名字是教师偶然在幼儿口中听到的，他们在照顾麦苗的时候，对着麦苗轻声细语，就像在照顾自己的孩子。这些活动的开展更是基于童谣本身，通过各种形式帮助幼儿了解童谣，进而延伸到童谣中的麦子身上，再到麦苗、麦秆等。从兴趣到探索，从操作到认知，幼儿在不断学习和成长。

（倪佳雯）

⭐ 你好呀，叽叽嘎嘎（小班）

一、缘起

　　"小鸡小鸡叽叽，逃来逃去吃小虫，啊呜！小鸭小鸭嘎嘎，游来游去吃小鱼，啊呜！"在学习了《小鸡小鸭》的童谣后，在空闲时间，孩子们总会轻声地念这首童谣，从孩子们的讨论中可以感受到他

们强烈的好奇心。"鸡不是'咯咯咯'叫的吗?为什么变成'叽叽叽'了?""我家的鸡怎么没有黄黄的羽毛呢?""小鸭子会游泳吗?我怎么只看到小鸭子在地上走呢?""小鸡和小鸭哪里长得最不一样呢?"孩子们讨论得热火朝天,提出的问题却没有得到解答。散步时,大家都对园内饲养的小兔子喜爱极了。沈欣桐说:"小兔子都住在一起了,还有一个窝空着呢!""那我们可以养个什么小动物进去吗?""可以养小鸡和小鸭呀!"张舒苒的提议一下子激起了孩子们的兴趣。大家商量后决定将多余的兔子窝用来饲养小鸡和小鸭。"可是哪里有小鸡和小鸭呢?我家可没有。"问题接踵而来,孩子们与小鸡、小鸭的故事也才刚刚开始。

二、活动过程

(一)童谣真好玩呀!

虽然目前还没有收集到小鸡、小鸭,但是孩子们对关于小鸡、小鸭的童谣感兴趣极了,在收集童谣的过程中,还学会了新童谣《两个好朋友》《蹲蹲哺鸡》。在散步的时候,孩子们总会轻声念童谣,还说要回去教妈妈唱童谣。何苏说:"我已经把童谣都学会了呢!"康昕悦回应道:"我妈妈还带着我一起玩游戏呢!"在滚筒游戏区域,孩子们开心地钻着滚筒,严芯妍探出脑袋说:"我是小鸡叽叽叽,我钻出来啦!"紧随其后的沈欣桐说:"我是小鸭嘎嘎嘎,我也钻出来啦!"孩子们一个接一个地学着小鸡、小鸭的叫声探出脑袋,从滚筒里钻了出来,一边玩还一边唱着《小鸡小鸭》的童谣。

金老师喊道:"我是鸡妈妈,我的鸡宝宝们在哪里呀?"原来是老师带领小朋友们玩起了老鹰捉小鸡的游戏。一群"鸡宝宝"躲在了"鸡妈妈"身后,庄梓铭变身为"老鹰"。"哇,我抓到一只小鸡啦!""老鹰"开心地说着,大家都玩得非常开心。

(二)看看我们做的叽叽、嘎嘎吧!

● 叽叽大创作

孩子们学会了简单画小鸡的轮廓。"我会画小鸡。"钱一桐一来到美工区就拿起记号笔准备画小鸡。只见她先画了一个圆圈,沈乐琪还问道:"我不会画,你可以教教我吗?"钱一桐开心地说:"当然可以啦!跟我一样,画上两个圆。"两个人画好了小鸡的头和身体。"再画两个小脚丫,画上圆圆的眼睛,画个尖尖的嘴巴,你看,小鸡就画完了。"钱一桐拿起黄色的蜡笔说。"现在给小鸡穿上黄色的衣服就好啦!"沈欣桐选择了颜料创作,打算做

小鸡点印画。沈欣桐用大拇指蘸了橙色颜料,用力地按在白纸上,对钱一桐说:"你看,这是不是和我们画的小鸡的头是一样的?"钱一桐立马试了一下,开心地说:"我知道啦,再按一下就是小鸡的身体了。"沈欣桐连连点头。同区域的小朋友也都照着点印了起来,之后沈欣桐再用记号笔画上小鸡的眼睛、嘴巴和脚,小鸡点印画就完成啦。

● 黏土叽叽、嘎嘎

"小鸡的头是圆圆的,搓成一个圆球。""身体是胖乎乎的。""还有尖尖的嘴巴。"三个孩子一边搓着黏土一边开心地讨论着。在美工区,孩子们准备用黏土做小鸡和小鸭。当沈昕棋做好了

小鸡的头和身体时,陈逸桉把黏土揪成一块一块,说:"我不会做。"陆奕恒马上说:"我会,我来教你吧。"陆奕恒很快就帮陈逸桉完成了一只小鸡。孩子们说小鸡喜欢吃虫子,又做了一些草丛。"我们的小鸡在草丛里找虫子呢。"孩子们说。做完小鸡,沈昕棋提议:"现在来做小鸭吧!"沈昕棋拿来黄色黏土,开始搓圆球,说:"小鸭也是黄色的,圆圆的头,胖乎乎的身体。"陆奕恒点上了小鸭的眼睛,说:"小鸭还少嘴巴。"沈昕棋说:"小鸭的嘴巴是橙色的。"他们拿来橙色黏土,给小鸭贴上了嘴巴。陆奕恒说:"让小鸭去游泳吧。"他们在小鸭的身下贴上了一条条蓝色的黏土,做出水的样子。"哇,小鸭子游泳喽。"

(三)我们有小鸡、小鸭啦!

孩子们想要养小鸡、小鸭的愿望越来越强烈。张仁义说:"可是我家里没有小鸡、小鸭,怎么办?"王奕鑫回应道:"我家只有大的母鸡。"看到孩子们一筹莫展,老师决定利用家长资源。很快,在家长们的努力下,孩子们陆陆续续收集了3只小鸭和4只小鸡,并且分享给了其他班级的小朋友。

● 取名大作战

"要给小鸡、小鸭取个名字才行呀!一直叫小鸡、小鸭,多不好听呀。"严芯妍提议道。"我同意,可是叫什么好呢?"刘煜城说,"叫小黄吧。"钱梓敬觉得不好,说:"小鸡和小鸭都是黄黄的呀,怎么能都叫小黄呢。"孩子们正说着,一只小鸡突然飞了出来,严芯妍说:"你们看,这只小鸡会飞了呀,就叫它小飞吧!""好啊,小飞挺好听的。"钱梓敬回应道,"那小鸭子呢?"黄子妍说:"叫小鸭鸭。"潘睿宸摇摇头表示不赞同。刘煜城说:"那叫小小。"沈欣桐说:"我觉得叫毛毛吧,它是毛茸茸的。"孩子们讨论得很激烈,都有自己的想法。"你看,这个小鸭子的头上有点黑黑的,要不就叫小黑吧。"孩子们凑近瞧了瞧,还真是有一坨黑黑的,大家都同意了叫这个名字,小鸡和小鸭有了自己的名字——小飞和小黑。

● 小鸡、小鸭大不同

收集了小鸡、小鸭后,怕小鸡、小鸭会感到孤单,孩子们建议将它们养在一起。小鸡、小鸭在一起热闹多了,吸引了孩子们的注意力。肖舒雅说:"小飞和小黑总是在一起玩。"吴懿桐回应道:"它们是好朋友呀。""小飞和小黑现在都是黄黄的,不知道长大了会变成什么样。"肖舒雅说,"但是它们也有很多地方长得不一样。"经过细心观察,庄思雨说:"它们的嘴巴不一样,小鸡的嘴巴尖尖的,小鸭的嘴巴扁扁的,但都是橙色的。"吴懿桐开心地大叫:"看,它们的翅膀不一样,尾巴不一样。"张雅宁指着小鸭的脚说:"脚也不一样,小黑的脚趾是连着的,小飞的脚趾是分开的。"

吴懿桐好奇地问:"为什么小鸭子的脚趾是连着的?"肖舒雅立马举手回答道:"我妈妈说,小鸭的脚趾中间有蹼,游泳的时候两只脚可以交替划水,但是小鸡没有蹼,不能划水,所以小鸡不会游泳。""原来是这样,又找到它们不一样的地方了。"吴语晨说:"叫声也不一样,小鸡叽叽叽,小鸭嘎嘎嘎。"孩子们用手做出小鸡嘴巴尖尖、小鸭嘴巴扁扁的样子,模仿着它们的声音,教室里充满了他们的欢声笑语。

● 食物大调查

将小鸡、小鸭养在一起后,新的问题出现了:小鸡总是会去啄小鸭,还会抢食。所以,无奈之

下，小鸡、小鸭还是被分开饲养了。吴语晨说:"小飞、小黑的食物快吃完了,我们去给它们放一点吧。还要给它们换水。"顾乐妍说:"它们怎么不吃呢?""可能是吃饱了。"吴懿桐一边给鸭子换水一边说:"会不会它们不想吃这个饲料了?""那它们想吃什么呢?"孩子们对小鸡、小鸭的食物又展开了讨论。钱一桐说:"吃小鱼吧,小鸭子喜欢游泳,会去捉小鱼吃。"张泽秋说:"小鸡喜欢吃虫。我还知道小鸭子会吃米饭、菜叶。"吴懿桐说:"它们还喜欢吃什么呢?我是真的不知道了。"在讨论后,孩子们一起设计了小鸡、小鸭食物大调查活动,通过调查表的反馈与分享,知道了小鸡喜欢吃青草、青菜和玉米,小鸭喜欢吃蚯蚓、虾和大白菜。在之后的饲养中,孩子们会时不时地从家里拿来一些食物,投喂给小鸡和小鸭。钱一桐说:"你们要多吃点哦,这样才能快快长大呢!"

(四)造房子咯~

● 建构区的房子

"我们去给小鸡、小鸭造房子吧!"刘煜城和张舒苒约着去建构区搭建鸡窝、鸭舍。钱一桐拿着一张纸跑来说:"瞧,这是我设计的房子,这里有门,有楼梯。"张舒苒和刘煜城拿着设计图仔细看了看说:"那我们就按照你的设计图搭吧!"刘煜城说:"我要先搭门。"张舒苒拿了几块纸砖进行排列和垒高,门的样子就出现了,她又往上叠加了一层,开心地对刘煜城说:"你看,我的是两层楼哦!"刘煜城用纸砖搭好大门后,用积木继续叠加,还用拱形积木造了一个屋顶,大声喊道:"完成啦!小鸡、小鸭可以入住啦!"张舒苒不服气地说:"我的是两层呢,住我的。"刘煜城说:"可是你只有门,屋子呢?"张舒苒一看还真是,又继续搭建了起来。

● 小鸭怎么"睡着"不醒啦？

一天清晨，孩子们照常想去给小鸭喂饲料，发现小鸭躺着喘粗气。沈隆恺说："小鸭子怎么了？生病了吗？"金昕玥摸了摸小鸭子，轻声说："它好像还在睡觉吧，我们不要打扰它了。"朱子恒轻轻念叨着："我觉得它好像是死掉了。"这句话惊吓到了其他小朋友，金昕玥难过地说："怎么会死掉呢？妈妈说死掉就是去另一个地方永远不回来了，那我们再也见不到它了吗？"孩子们沉默了。

过了一会儿，小鸭子不喘气了，安静地躺着。沈隆恺说："小鸭子真的不会醒了。"小鸭子的死令孩子们很悲伤，他们纷纷猜测原因：是不是没有吃饱？是不是太冷了？讨论后，孩子们觉得是夜晚太冷导致的，所以决定让其他的小鸡、小鸭都处在温暖的环境中。通过调查及家长提供资源，钱一桐拿来了瓦丝灯泡。灯泡通上电后，小鸡、小鸭的家一下子暖和了起来，孩子们开心地说："这样它们晚上就再也不会冷啦！"

● 搬砖头去造房子啦！

小鸡、小鸭渐渐长大了，小鸡在纸箱子里的时候总会飞出来，孩子们商量后，决定在兔窝旁边的空地为小鸡、小鸭建一个室外的新家。造房子需要什么呢？怎么造呢？大家将问题收集后，设计了一张调查表，并根据调查表的内容收集材料。在家长的资源支持下，孩子们收集到了砖块、水泥和沙子。可造房子对孩子们来说略有难度，钱梓敬提议道："我爷爷就是造房子的，可以请他来帮忙。"钱梓敬的爷爷被请来后，孩子们忙前忙后地帮爷爷搬砖块，说："爷爷给你。爷爷我来帮你忙。"大家都很热情。钱梓敬爷爷一层一层垒高，严芯妍问道："这是门吗？"钱梓敬说："是呀，

不然小鸡、小鸭怎么进去呢?"刘煜城问道:"爷爷,你造得这么高,小鸡就飞不出来了吧?"钱梓敬的爷爷说:"这回肯定飞不出来了,放心吧。"钱梓敬的爷爷倒出沙子和水泥,并将它们混合在一起。陆鑫悦问道:"为什么要混合在一起呢?"钱梓敬的爷爷回答道:"这样水泥才能被糊到砖块上,使房子更牢固呀!"之后,钱梓敬的爷爷就用水泥稳固砖块,孩子们看得津津有味,都跃跃欲试呢。不一会儿,水泥房就成形了,再为屋顶铺上稻草,小鸡、小鸭的新家就完成啦!

(五)去喝搬家酒吧!

小鸡、小鸭的新家建成了,孩子们都很开心。钱子苓问道:"那什么时候让小鸡、小鸭住进去呢?"罗皓卿说:"那我们是不是要去做客呢?""那我们要带萝卜丝团子去祝贺才行!"陈雨彤的提议得到了大家的一致认可。

● 做萝卜丝团子咯~

周末,孩子们收集了粳米粉、糯米粉、萝卜和肉。周一,孩子们把食材带到幼儿园,开始做萝卜丝团子。吴懿桐带来了刨丝器,将白萝卜刨成了萝卜丝,并将其与剁碎的肉搅拌在一起。将糯米粉与粳米粉混合、加水,揉成了面团。在老师、生活阿姨的示范下,孩子们尝试着做萝卜丝团子。罗星昀揪下一小坨面团,搓成了一个圆,再挖了个小洞,做成一个小碗的形状,之后将萝卜丝馅放入面团中并封口,再揉搓几下,按扁。他开心地喊着:"看,我的萝卜丝团子完成啦!"吴懿桐照着步骤，在老师的帮助下，也完成了萝卜丝团子的制作。顾乐妍疑惑地问道："为什么我的团子就是合不上呢？"沈科源说："因为你的馅太多了，你少放点就可以啦！"孩子们都有模有样地做着，将做好的团子放在蒸架上，蒸架上冒着热气。"哇，萝卜丝团子出锅啦！"陈皓轩迫不及待地拿了一个吃起来，连连点头说："萝卜丝团子真好吃呀！"吴懿桐阻止道："别吃啦，这是要给小鸡、小鸭的新家送去的。"

● 唱搬家酒仪式正式开始了！

"呼……"陈思琪吹着气球，为小鸡、小鸭的乔迁之喜布置气球拱门。陈皓轩说："吹气球真累呀，但我还是很开心。"李欣悦回应道："小鸡、小鸭的房子造好了，当然要开开心心地搬进去啦！"气球拱门制作好后，铺上红毯，摆上桌子，孩子们带着自己的零食和萝卜丝团子一起去给小鸡、小鸭庆祝乔迁之喜。钱梓敬带来了蛋糕，为小鸡、小鸭点上蜡烛庆祝。在孩子们如雷的掌声中，小鸡、小鸭入住了自己的新房子。活动场地变大了，它们也变得更活跃。孩子们开心地吃着蛋糕、零食、萝卜丝团子，分享着小鸡、小鸭乔迁新居的喜悦。最后，孩子们还将自己创编的童谣《叽叽嘎嘎》唱给小鸡、小鸭听："小鸡小鸡叽叽叽，尖尖嘴巴黄脚掌，小鸭小鸭嘎嘎嘎，扁扁嘴巴红脚掌，叽叽叽嘎嘎嘎，我们一起搬新家。"整个喝搬家酒仪式在孩子们稚嫩的童谣演唱中落幕。

（六）蛋壳真有趣！

● 蛋壳上还能画画呢～

在吃完搬家酒后，美工区多了许多鸡蛋壳和鸭蛋壳。罗皓卿问道："在鸭蛋上画什么好呢？"沈欣桐回应道："不如我们画只小鸭吧。"罗皓卿拿起棉签，说："应该先画小鸭的头，是圆圆的。"沈欣桐蘸上黄色颜料，说："小鸭是黄色的，用黄色颜料画一个圆。"罗皓卿回应道："可以画一个椭圆当它的身体。"沈欣桐说："我的小鸭在水里游泳，我还要画上水呢。还要给小鸭画上眼睛和嘴巴，它的眼睛是黑黑的，嘴巴有点红红的。"后来曾雨萱也来到了美工区，说："我可以和你们一起画小鸭吗？""当然可以，这里还有一个鸭蛋。""小鸭是怎么画的呀？"罗皓卿将自己画的小鸭拿给曾雨萱看，"你看我画的，我可以教你画。"很快，三个小朋友都画好了，他们开心极了，将自己画的小鸭展示给其他小朋友看。

● 蛋壳粘贴画

有一些鸡蛋壳、鸭蛋壳在拿来的时候已经破碎了，孩子们决定将蛋壳留下来，投放到美工区。严芯妍和钱一桐来到美工区。"蛋壳都碎掉了，还怎么玩呀？"严芯妍问道。"我们可以把碎了的蛋壳贴在画上呀！"钱一桐提议道。严芯妍说："那我要做蛋壳小鸭，你呢？"钱一桐拿来白纸和记号笔，递给严芯妍，说："来，你画小鸭吧，我也画。"很快，严芯妍就画好了小鸭，从美工区拿来碎蛋壳和胶棒，开始往小鸭上

粘碎蛋壳。钱一桐画完后，也赶忙往画上粘蛋壳。两个人粘好后，严芯妍仔细看了看，问道："我们是不是应该给小鸭的嘴巴涂上颜色呢？"钱一桐点点头，拿起棉签将红色颜料点缀在小鸭的嘴巴上。严芯妍还给太阳涂上了红色颜料，她对同区域的张仁义说："你看，我的小鸭子在游泳呢！"孩子们开心地分享着自己的作品。

三、观察分析

整个故事是从童谣《小鸡小鸭》开始的，幼儿对小鸡、小鸭产生了极大的兴趣。在念童谣、唱童谣、玩童谣游戏的过程中，幼儿感受到了快乐，并收集了许多关于小鸡、小鸭的童谣，更将小鸡、小鸭带入户外及区域游戏中，进行了多种形式的创作。小班幼儿对动物比较感兴趣，虽然常看见小鸡、小鸭，但从未认真了解、观察过它们，此次课程对幼儿来说也是一次新体验。

在故事开展过程中，由于经验不足，教师充分利用家长资源，通过调查表、线上沟通的方式获取经验，不断探索。在活动中，大部分幼儿的积极性和主动性都很强，也经历了鸭子死亡的小插曲，这对幼儿的触动还是蛮深的，也让他们想到了更多的方法来解决问题。最后，幼儿为小鸡、小鸭造了新房子，举行了搬家酒仪式，创编了新童谣，对桃源习俗也更加了解了。虽然课程只持续了一段时间，但"叽叽嘎嘎们"还会继续长大，之后还会有更多的趣事等着幼儿去探索。

四、研究策略

（一）激发兴趣，支持幼儿自主探究

在活动中，教师从孩子们感兴趣的童谣出发，最后以童谣的创编结束。在对小鸡、小鸭的探索中，教师以幼儿感兴趣的问题或话题为中心，以科学探究为主，尊重幼儿的兴趣，以此开展了很多活动。教师追逐幼儿的脚步，支持幼儿主动、深入地探究小鸡、小鸭，使幼儿在学中玩，在

玩中学。幼儿在活动中不断发现、思考、探究，亲身感受了小鸡、小鸭带来的乐趣，同时其知识水平、经验水平也得到了提升。在幼儿自主探究的时候，教师会给予支持和鼓励，让他们讨论并进行下一步的探索。

（二）有效开发资源，与课程联结

在课程开展过程中，资源尤为重要。幼儿的前期经验不足，教师就运用到了家长资源，与家长进行线上交流，让家长带领幼儿收集蛋壳等，一起调查。教师本想带领幼儿去桃源的农场做充分了解，但因受新冠病毒感染疫情的影响，最后只利用了网络资源去搜索信息。观察小鸡、小鸭的不同，造新家，举行搬家酒仪式等活动都给了幼儿不一样的惊喜，也使他们积累了新经验。在区域中，教师也利用蛋壳资源开展了许多游戏，让幼儿通过在蛋壳上涂鸦有了不一样的美术体验，即碎掉的蛋壳还可以用来做粘贴画、涂色等。这一切的游戏体验表明，课程与资源是密不可分、相辅相成的。

五、活动反思

我们要深知课程其对幼儿的教育价值在哪里。课程不是随意开展的，我们要选取有意义的活动，促进幼儿的全方面发展。童谣课程开发一直是桃源幼儿园在研究的课题，桃源童谣的教学是不可或缺的。我们选取小班幼儿，基于动物童谣开展活动，这既是追随幼儿的兴趣，又是想激发幼儿爱护、照顾小动物的情感。我们的课程没有到此结束，后续会根据小鸡、小鸭的生长过程继续探索，让幼儿与小动物们一起成长，并通过观察小鸡、小鸭的生长变化发现它们身上更多的秘密。我们未来会和幼儿一起探索"活教育"！

（王怡萍）

后 记

构建适合儿童发展的学前教育课程并努力落实，是实现幼儿园培养目标的重要途径，也是贯彻落实《3—6岁儿童学习与发展指南》的重要途径，更是实现学前教育高质量发展的重要途径。

"什么是幼儿园课程？""幼儿园课程在哪里？""如何追随儿童的兴趣设计课程？""如何将身边的资源开发成为促进幼儿发展、让幼儿获得有益经验的活动？"这些一直是幼儿园老师们面临的问题和挑战。吴江区各幼儿园根据自身实际情况，开启了园本提升、内涵发展、课程建设的实践探索征程。

十年课程实践，得到了广大幼儿园老师、家长、领导、专家等的关心和支持。十年来，吴江区绘制了幼儿园课程改革蓝图，组建了"学前教育发展共同体"，成立了省内外专家指导团队。在专家沉浸式、伴随式、持续性的指导下，各种问题逐渐有了答案，困惑渐次解开，幼儿园找到了从身边资源入手，追随幼儿兴趣，开展多样化活动，助力幼儿积累有益经验，促进幼儿全面发展的课程建构路径，并在国家级、省级、市级的教学成果奖评选中频频获奖。

本套丛书是吴江区各幼儿园课程探索的缩影，共十三册，分别由吴江区鲈乡幼儿园鲈乡园区、鲈乡幼儿园越秀园区、平望幼儿园、盛泽实验幼儿园、芦墟幼儿园、黎里幼儿园、梅堰幼儿园、铜罗幼儿园、青云幼儿园、桃源幼儿园、北库幼儿园、舜泽幼儿园、横扇幼儿园、八坼幼儿园这十四

所幼儿园合作编写。本套丛书从策划到呈现，离不开负责各册编写的幼儿园教师的实践智慧和无私分享，离不开吴江区其他幼儿园教师的支持和帮助，更离不开虞永平、张春霞、张晗、张斌、苗雪红、胡娟、杨梦萍等团队专家长期以来的精心指导和鼓励。在丛书编写过程中，苏州大学出版社的领导、编辑给予了老师们极大的肯定，虞永平教授更是在百忙中抽出时间为本套丛书作序，张春霞老师在编写中全程悉心指导，在此一并表示衷心的感谢！

生逢盛世，奋斗正当时。我们处在大有可为的新时代，在党的二十大精神指引下，吴江幼教人必将扬帆再起航，继续深耕幼教这块沃土，为实现学前教育高质量发展而努力前行！

钱月琴

2023 年 5 月